Pedro Waloschek (Hrsg.)

AF280040

Das VOLKSHAUS RIESA
und sein Architekt

Das
VOLKSHAUS RIESA
und sein Architekt

Eine Informationsschrift

zusammengestellt
und herausgegeben
von
Pedro Waloschek

Atelier OpaL Productions

Impressum:

Die Deutsche Bibliothek – CIP-Einheitsaufnahme
Ein Titeldatensatz für diese Publikation
ist bei Der Deutschen Bibliothek erhältlich

Originalausgabe
fertiggestellt im April 2001

Reproduktion und Nachbearbeitung der „Festschrift zur Eröffnung des Volkshauses Riesa",
Satz, Layout, Umschlaggestaltung und Vorbereitung für den digitalen Druck:
Atelier OpaL Productions,
Achter Lüttmoor 45, D - 22559 Hamburg, Tel.: 040-815431, Fax: 040-817492,
e-mail: pedro@waloschek.de Internet: www.waloschek.de und www.atelier-opal.de

Diese Informationsschrift kann über den Buchhandel bestellt werden. Ladenpreis 9,- Euro
(einschl. MwSt.). Internet-Buchhandlungen und Herausgeber liefern auch per Post
(für A, CH, D, FL und L versandkostenfrei) zum Ladenpreis.

Herstellung: Books on Demand GmbH

ISBN   3-8311-1810-8

Inhalt:

Volkshaus Riesa, ursprüngliche Planung (s. Fußnote auf S. 8)

Vorwort

von Heike Berthold

Das VOLKSHAUS RIESA gehört nach Meinung vieler Experten zu den bedeutendsten Beispielen des modernen BAUHAUS-Stils, der das künstlerisch so produktive Jahrzehnt vor 1933 in Deutschland geprägt hat. Es wurde unter Denkmalschutz gestellt, und es bleibt zu hoffen, dass sich alsbald ein Investor dieses wertvollen Gebäudes annimmt und es saniert – eine allerdings weder einfache noch billige Aufgabe. Die Eigentumsverhältnisse waren lange Zeit etwas kompliziert. Aber seit Ende des Jahres 2000 ist das Volkshaus und das entsprechende Grundstück in Besitz der Stadt Riesa, die sich um eine weitere Nutzung bemüht, wobei vor allem „private Investoren gefragt sind", wie es Oberbürgermeister Dr. Horst Barth in einem Interview mit der Sächsischen Zeitung im Januar 2001 erläutert hat.

Mit dem vorliegenden Büchlein soll ein Beitrag zur besseren Information über dieses wertvolle Bauwerk und seinen Architekten Hans Waloschek geleistet werden. Es enthält Daten, die heute zum Teil schwer oder gar nicht zugänglich sind.

Die hier reproduzierte „Festschrift zur Eröffnung des Volkshauses Riesa" beinhaltet eine sehr genaue Beschreibung des Volkshaus-Gebäudes und seiner Einrichtungen, die von dem Architekten Hans Waloschek selbst verfasst wurde. Auf den schlichten und funktionellen architektonischen Stil – ohne jede Verzierung – wird dabei relativ kurz eingegangen. Die Erbauer haben sich mehr mit dem Zweck des Gebäudes beschäftigt, als mit seinem künstlerischen Wert. Zur damaligen Zeit war die Bautätigkeit stark von der gerade herrschenden Wohnungsnot, von der schlechten Qualität vieler Arbeiterwohnungen und vom Fehlen gemeinschaftlich nutzbarer Anlagen geprägt und entsprechend politisiert. Heute ist die politische und wirtschaftliche Lage ganz anders, und wir sollten das Volkshaus eher als ein Kunstwerk sehen. Historisch interessant sind in der „Festschrift" nicht nur die drei darin enthaltenen Beiträge, sondern auch die vielen Inserate, die einen nostaligischen Einblick in das damalige Leben gewähren.

Der in Sachsen so erfolgreiche Architekt Hans Waloschek wurde 1933 gezwungen, Deutschland zu verlassen. Sein Leben und sein späteres Werk sind in Deutschland weitgehend unbekannt. Sie werden in einem Beitrag seiner beiden Kinder Jutta und Pedro dargestellt.

Wir hoffen, dass diese Schrift als Ansporn für weitere Untersuchungen dient oder für eine tatsächliche neue Nutzung des Gebäudes. Weitere Informationen, Beiträge oder Korrekturen sind willkommen. Es ist beabsichtigt, später eine erweiterte Fassung dieser Informationsschrift zu veröffentlichen.

Riesa, im April 2001

Bemerkung zur Abbildung auf Seite [7]: Es handelt es sich um das Foto einer Maquette des Volkshauses Riesa, so wie es ursprünglich geplant war, also mit einer Festhalle (rechts sichtbar) und dem angegliederten Wohnblock (links), der 1931 als zweiter Bauabschnitt von der „Gemeinnützigen Wohnung- und Heimstätten-Gesellschaft für Arbeiter, Angestellte und Beamte m.b.H." (die „GEWOG-Dresden") errichtet wurde. Das Bild stammt aus dem Nachlass des Architekten Hans Waloschek.

Persönliche Bemerkungen

von Pedro Waloschek

Hans Waloschek, 1960

Im August 1986 habe ich zum ersten Mal versucht, die noch existierenden Bauten meines Vaters – des Architekten Hans Waloschek – in Sachsen zu finden. Ich fuhr damals mit der DDR-Reichsbahn nach Riesa. Am Bahnhof zeigte ich Passanten ein Foto des Volkshauses aus dem Jahr 1930. Es sollte ja nur sieben Minuten vom Bahnhof entfernt sein. Die Befragten erklärten mir kurz und trocken, dass sie „so etwas" in der Gegend nie gesehen haben. Vor dem Bahnhof fand ich schließlich einen Motorradfahrer, der keine Berührungsängste hatte. Er erklärte mir, wie man zu dem naheliegenden Gebäude kommt.

Und da war es wirklich! An den hochgestreckten Fenstern und dem turmartigen Mittelteil konnte ich es leicht erkennen. Aber es war mit einem mindestens drei Meter hohen Bretterzaun vollständig umgeben. Als ich den Fotoapparat herausholte, lehnten sich aus mehreren Fenstern Rotarmisten in Uniform mit grimmigen Mienen. Ich steckte den Fotoapparat wieder ein und machte kehrt. Es war eine russische Kaserne. Ohne weiteren Recherchen nahm ich den nächsten Zug zurück nach Dresden.

Mein zweiter Anlauf, um endlich das Gebäude – über das mein Vater ja so viel erzählt hat – zu fotografieren, fand im Juni 1999 statt. Ich fuhr wieder nach Riesa, diesmal mit der Deutschen Bahn, und stand nun vor dem ziemlich verwahrlosten Gebäude. Der Lattenzaun und die Rotarmisten waren weg, das Gelände war eingezäunt aber fast alle Fenster waren eingeschlagen.

[9]

Einen Monat später zeigte ich das Volkshaus Riesa dem englischen Architekten Russell Bevington. Er war davon sehr beeindruckt und hat sich bereit erklärt, die Einordnung des Volkshauses in die Europäischen Architektur des 20. Jahrhunderts kurz darzustellen.

Das Volkshaus Riesa, 1999

Und ein weiteres Jahr später hat mich die begeisterte Heimatforscherin und Journalistin Frau Heike Berthold wieder zum Volkshaus Riesa geführt, mir viele historische Details erklärt und Fotos identifiziert, die ich bis dahin nicht einordnen konnte. Sie zeigte mir auch noch zwei weitere Bauten meines Vaters in Riesa und führte mich dann in das „Städtische Zentrum für Geschichte und Kunst" am Poppitzer Platz. Dort haben wir uns mit der Leiterin, Frau Maritta Prätzel u.a. über das Volkshaus unterhalten. Frau Prätzel zeigte mir die im Museum aufbewahrte „Festschrift zur Eröffnung des Volkshauses Riesa" aus dem Jahr 1930. Ich habe darüber sehr gestaunt, denn ich konnte mich zwar an solch eine Broschüre dunkel erinnern, habe sie aber im umfangreichen Nachlass meines Vaters, der bei mir und bei meiner Schwester Jutta in Wien aufbewahrt wird, nicht mehr gefunden.

Auch ein recht aufwändiges Album „Volkshaus Riesa", das mein Vater gerne vorzeigte, war nicht auffindbar. Aus ihm wurden offensichtlich die wenigen erhaltenen Fotos aus der Bauzeit herausgetrennt. Und unter den vielen archivierten Briefen waren nur drei, in denen das Volkshaus Riesa erwähnt wird. Sie stammen vom Geschäftsführer der „Volkshaus Riesa G.m.b.H." Alfred Kiß, der sie 1940/41 aus England an meinen Vater in Argentinien geschickt hat.

Zur Herstellung der hier gezeigten Reproduktion der Festschrift hat mir der Dipl.-Ing. Arch. Karl-Heinz Löwel (Dresden) freundlicherweise ein gut erhaltenes Exemplar zur Verfügung gestellt. Herr Löwel hat sich viele Jahre intensiv mit der Geschichte des modernen Siedlungsbaues in Sachsen beschäftigt.

Hamburg, im April 2001

The Volkshaus at Riesa by Russell Bevington

Although the phrase 'modern architecture' has acquired a certain neutrality through over-usage, it is always a happy event to come across a previously unknown building, which reflects this architectural movement's basic values and ideology. Such a building, although in a state of disrepair, exists in Riesa by the architect Hans Waloschek. I was fortunate in 1999 to visit several of his buildings in and around Dresden, including the 1930's Volkshaus in Riesa, and more recently to see this facsimile brochure containing details of the Riesa building, originally published at the time of its construction.

All ages claim to have their 'modern' architecture, but few produce such a radical architectural transformation, which reads as judgement and verdict on its own history, as did the early part of the twentieth century. There are many threads to this evolution of architecture in Europe, and the new way forward had its proponents in a variety of countries – Russia, Holland, Belgium, France – but it was in Germany where the evolution had its roots, and the aspiration to combine social and technological transformation into Utopian thought with the anticipation of a better future.

During this period there was a rethinking of the basic principles of architecture. Its manifesto called for a rational approach, utilising the greater efficiency and economy of scientific method with an emphasis on the functional. Through a more rigorous approach to the interrelationship between architecture and society, its aim was not only to generate buildings as works of art, but to reflect the needs of contemporary society, and to improve their material conditions and well-being. Freed from certain structural limitations, the new architecture was concerned with the exploitation of spatial sequences with the outer skin as a simple expression of the inner configuration. Decoration and eclectic reference to historic models was to be abandoned. Based upon a machine mythology in the wake of the industrial revolution, its aim was not just to imitate technological processes, but to create a new generation of buildings suited to the needs of contemporary social ideologies.

This new architecture possibly found its culmination of expression in the Weissenhof Siedlung exhibition of 1927 in Stuttgart, which brought together 17 eminent architects, amongst them Ludwig Mies van der Rohe, Walter Gropius and Le Corbusier, in collaboration to produce a model garden suburb. The buildings are now internationally famous, and still stand as a monument to this exciting period of architecture.

The spirit and aspirations of this 'modern architecture' are realised in the Volkshaus. The building is a rich compound of ideas and forms bound together with the conviction of an individual vocabulary, and it strikes one as exceptional, not only in its design, but in its programme of accommodation. The rise and spread in Europe of the new architecture is interesting. It seemed to appear simultaneously in a number of countries, albeit with slightly different stylistic approaches, but always with common underlying principles. The design of the Volkshaus seems primarily Germanic, but there is also the feeling of its design being influenced by certain Dutch architecture of this era. The combination of facilities at Riesa would find different expression if designed today. However, the rational, functional and formal approach of its architect with his subtleties of architectural manipulation and expression reflects a skilful application of the contemporary principles of design, as well as an affinity with a fresh model of working and social ways of life.

I do not know what plans Riesa have for this building, which, when I saw it, lay abandoned and derelict. Architect Waloschek's social housing in Dresden has been enterprisingly and lovingly renovated, a street has been named after him, and it would be wonderful if a new use could be found for the Volkshaus, to breathe new life into it. In its execution and with its innovative programme it is a rigorous 'modern' building, and if it were to be restored, complete with all its details and original colours, it would stand not only as a useful functioning building, but as a fine reminder of the spirit of its age, and as a respected monument to those who conceived and designed it.

London, March 5, 2001

[12]

Das Volkshaus in Riesa von Russell Bevington

Obwohl man den Ausdruck „moderne Architektur" durch übertriebenen Einsatz gewissermaßen als wenig aussagend bezeichnen kann, ist es jedoch immer ein wohltuendes Ereignis, wenn man ein Bauwerk antrifft, das man nicht kannte und das die grundlegenden Werte und Ideologien dieser Architekturbewegung darstellt. Solch ein Gebäude, obwohl in baufälligem Zustand, gibt es in Riesa, erstellt vom Architekten Hans Waloschek. Ich hatte das Glück 1999 einige seiner Bauten in und um Dresden zu besuchen, einschließlich dem 1930 errichteten Volkshaus in Riesa. Vor kurzem konnte ich auch das Faksimile der Broschüre einsehen, die ursprünglich zur Zeit des Baues veröffentlicht wurde, und in der viele Details über das Gebäude enthalten sind.

Jede Zeit behauptet, ihre eigene „moderne Architektur" zu haben. Aber nur selten fand eine so radikale Veränderung der Architektur statt, wie es im ersten Teil des 20. Jahrhunderts der Fall war. Man kann sie sogar als Urteil und Schuldspruch zu seiner eigenen Geschichte ansehen. Viele Pfade führten zu dieser europäischen Entwicklung und der Weg wurde in mehreren Ländern vorangetrieben – Russland, Holland, Belgien, Frankreich – aber es war in Deutschland, wo diese Evolution ihre Wurzeln hatte, es war hier, wo man eine Verbindung von sozialen und technologischen Veränderungen zu utopischen Gedanken anstrebte – in Erwartung einer besseren Zukunft.

Zu dieser Zeit gab es ein Überdenken der fundamentalen Grundlagen der Architektur. Ihr Manifest beinhaltete einen Aufruf zu einem rationellen Vorstoß, bei dem die höhere Effizienz und die Wirtschaftlichkeit der wissenschaftlichen Methoden zum Einsatz kamen, mit einer besonderen Betonung der Funktionalität. Ihr Ziel war es, durch eine strengere Näherung an die Wechselwirkung zwischen Architektur und Gesellschaft, nicht nur Gebäude als Kunstwerke zu erstellen, sondern die Bedürfnisse der zeitgenössischen Gesellschaft darzustellen und ihre materiellen Zustand und ihren Wohlstand zu verbessern. Befreit von strukturellen Grenzen interessierte sich die neue Architektur für die Nutzung räumlicher Zusammenhänge, wobei die „äußere Haut" einfach den inneren Aufbau darstellte. Dekoration und eklektische Übernahme historischer Modelle mussten aufgegeben werden. Obwohl sie aus der Maschinenmythologie des Anfangs der industriellen Revolution entstanden war, sollten ihre Ziele nicht in der Nachahmung technologischer Vorgänge bestehen, sondern in der Kreation einer neuen Generation von Gebäuden, die den Bedürfnissen der damaligen sozialen Ideologie entsprachen.

Diese neue Architektur fand wohl den Höhepunkt ihrer Ausdruckskraft in der Ausstellung „Weißenhofsiedlung", die der Deutsche Werkbund 1927 in Stuttgart organisiert hat. Dort trafen sich 17 bedeutende Architekten, darunter Ludwig Mies van der Rohe, Walter Gropius und Le Corbusier, die zusammen das Modell einer „Gartenstadt" entwickelten. Die entstandenen Gebäude sind heute weltberühmt und bilden ein bleibendes Denkmal dieser spannenden Periode der Architektur.

Der Geist und das Streben dieser „Modernen Architektur" wurden im Volkshaus Riesa verwirklicht. Das Gebäude zeigt eine wertvolle Verbindung von Ideen und Formen, zusammengehalten mit der Überzeugung einer individuellen und persönlichen Sprache. Es beeindruckt, ist außergewöhnlich, nicht nur durch seine Gestaltung, sondern auch durch sein anspruchsvolles Anwendungsprogramm. Der Aufstieg und die Verbreitung der neuen Architektur in Europa ist bemerkenswert. Die Erscheinung trat anscheinend zur gleichen Zeit in mehreren Ländern auf, allerdings mit geringfügig unterschiedlichen stilistischen Näherungen, aber immer mit den gleichen grundlegenden Prinzipien. Der Entwurf des Volkshauses erscheint im wesentlichen deutsch, aber man hat das Gefühl, dass es von der niederländischer Architektur der damaligen Zeit beeinflusst wurde. Die Kombination der verschiedenen Funktionen in Riesa würde man anders ausdrücken, wenn man es heute planen würde. Aber jedenfalls zeigt die rationelle, funktionelle und formelle Annäherung seines Architekten, mit seinen Feinheiten in der architektonischen Manipulation und Expression, eine geschickte Anwendung der zeitgenössischen Entwurfsgrundsätze, wie auch eine Affinität mit einem frischen Arbeitsmodell und mit sozialen Lebensformen.

Ich weiß nicht, was die Stadt Riesa mit dem Gebäude vor hat. Als ich es sah, war es verlassen und verfallen. Große Siedlungsbauten des Architekten Waloschek in Dresden wurden in der Zwischenzeit unternehmerisch und mit viel Liebe renoviert und ein Weg wurde nach ihm benannt. Es wäre wunderbar, wenn man für das Volkshaus Riesa eine geeignete Verwendung finden könnte, um ihm neues Leben einzuhauchen. In seiner Ausführung und mit seinem innovativen Programm stellt es ein rigoros „modernes" Gebäude dar. Wenn es mit all seinen Details und ursprünglichen Farben restauriert wird, könnte es nicht nur als nützliches und funktionsfähiges Haus dienen, sondern auch als hochwertiges Andenken an den Geist seiner Zeit und als wichtiges Denkmal für diejenigen, die es erdacht und entworfen haben.

London, 5. März 2001

(Deutsch von Pedro Waloschek)

VOLKSHAUS RIESA

ERÖFFNUNG
1. MÄRZ 1930

Etwas verkleinerte Darstellung des farbigen Originals

[15]

Festschrift

zur Eröffnung
des Volkshauses
Riesa

am 1. März 1930

Der Vorstand:
Alfred Kiß
Oskar Waltz

Der Aufsichtsrat:
Hermann Eichler
Paul Fiedler
Gustav Gäde
Karl Kamp
Richard Mehlhose
Max Teubner

Volkshaus Riesa, G.m.b.H., Riesa

Von Alfred Kiß, Sekretär des A. D. G. B., Ortsausschuß Riesa # Warum Neubau

Der unaufhaltsame Aufstieg der gesamten Arbeiterbewegung im Riesaer Bezirk hat den zuständigen Organisationen die Pflicht auferlegt, das Volkshausproblem baldigst zu lösen. Nach jahrelangen mühevollen Vorbereitungen ist dies gelungen. Es sei uns daher vergönnt, am Tage der Eröffnung unseres Volkshauses, in dieser allen Freunden und Gönnern unserer Sache gewidmeten Festschrift, einiges über die Geschichte, den Zweck und die Bedeutung des Volkshauses auszuführen.

Der Wunsch der Riesaer Arbeiterschaft, ein eigenes Heim zu gründen, ist schon alt. Er entstand bereits in einer Zeit, die noch zu den Anfängen gewerkschaftlicher und politischer Betätigung der Arbeiterschaft gehörte und fand immer neue Nahrung und neuen Antrieb durch die unerhörten Verfolgungen und Bedrückungen unserer Organisationen durch die gemeindlichen und staatlichen Behörden. Im alten Obrigkeitsstaat, noch dazu in einer Garnisonstadt wie Riesa, war es Partei und Gewerkschaften kaum möglich, ein Lokal zu Versammlungszwecken für längere Zeit zu erhalten. Über solche Gastwirtschaften wurde sofort das Militärverbot ausgesprochen, was für den Inhaber wirtschaftlichen Ruin bedeutete. Versammlungen, Konferenzen und auch gesellschaftliche Veranstaltungen mußten deshalb sehr oft nach auswärts verlegt werden. Eine Wendung trat in diesen Fragen erst durch die Übersiedlung von Partei und Gewerkschaften in das vom hiesigen Konsumverein in der Goethestraße 80/82 neuerrichtete Grundstück ein. Aber auch hier war das Verbleiben nicht lange. Der Zusammenbruch vom Jahre 1918 war der Beginn einer neuen Zeit. Partei, Gewerkschaften, Genossenschaften, Sport- und Kulturverbände nahmen einen schnellen und ungeahnten Aufstieg. Die Mitgliederzahlen schnellten in die Höhe, der Aufgabenkreis aller Organisationen erweiterte sich ständig und damit stieg auch deren Bedeutung. Den großen Mangel an Büro- und Versammlungsräumen wollte man durch eine Übersiedlung in das Grundstück Goethestraße 102 beheben. Schon nach einigen Jahren stellte sich aber heraus, daß diese Lösung auch nur als ein Provisorium betrachtet werden konnte. Es reichten weder die Büro- noch Sitzungs- und Versammlungsräume für die gesteigerten Bedürfnisse aus. Die dadurch eingetretene große Zersplitterung in unserer Bewegung, die ferner erfolgenden Mietpreissteigerungen und nicht zuletzt eine gegen die Gewerkschaften geführte Räumungsklage, zwangen diese, im Verein mit anderen Organisationen, den Volkshausbau in Angriff zu nehmen.

Der erste praktische Schritt zur Verwirklichung des gesetzten großen Zieles war die am 5. Januar 1928 vor dem Sächsischen Notar H. Eßlinger in Riesa gegründete Volkshaus Riesa, G. m. b. H. in Riesa. An der Gründung beteiligten sich folgende Organisationen und Unternehmungen:

Die Gründung der Volkshaus Riesa G. m. b. H.

3

[19]

Bezirkskonſum- und Sparverein „Volkswohl"	
e. G. m. b. H., in Rieſa	3 000,— RM.
Firma R. Schmidt & Co. in Meißen	2 000,— „
Treuhandverwaltung des Deutſchen Fabrik-	
arbeiter-Verbandes, G. m. b. H., Hannover	2 000,— „
Deutſcher Holzarbeiterverband,	
Geſchäftsſtelle Rieſa	2 000,— „
Deutſcher Metallarbeiterverband,	
Geſchäftsſtelle Rieſa	2 000,— „
Deutſcher Baugewerksbund,	
Geſchäftsſtelle Rieſa	2 000,— „
Einheitsverband der Eiſenbahner,	
Geſchäftsſtelle Rieſa	2 000,— „
Nahrungsmittel- und Getränkearbeiter-	
Verband, Geſchäftsſtelle Rieſa	1 000,— „
Zimmererverband, Geſchäftsſtelle Rieſa	1 000,— „
Deutſcher Verkehrsbund, Geſchäftsſtelle Rieſa	1 000,— „
Deutſcher Polierbund, Geſchäftsſtelle Rieſa	1 000,— „
Sozialdemokratiſche Partei Deutſchlands,	
Ortsgruppe Rieſa	500,— „
Deutſcher Werkmeiſterbund,	
Geſchäftsſtelle Rieſa	500,— „
Verein für Freidenkertum und Feuerbeſtattung,	
Ortsgruppe Rieſa	500,— „
Stammkapital	20 500,— RM.

Die Vorbereitungen zum Volkshausbau wurden ſofort, nach erfolgter Eintragung der Geſellſchaft in das Handelsregiſter, auf breiter Front aufgenommen. Es galt zunächſt ein geeignetes Grundſtück in günſtiger, zentraler Lage zu erwerben. Obwohl der Volkshaus Rieſa, G. m. b. H. ſchon viele Grundſtücke zum Kaufe angeboten worden ſind, bereitete die Löſung dieſer Frage große Schwierigkeiten. Größtenteils kamen die angebotenen Grundſtücke wegen ihrer ungünſtigen Lage und dann auch wegen der hohen Preiſe für uns nicht in Frage. Nach ſchwierigen Verhandlungen gelang es endlich, von der Stadtgemeinde Rieſa ein rund 4000 qm großes, an der äußeren Bismarckſtraße gelegenes Grundſtück im Wege des Erbbaurechtes zu erwerben. Das Grundſtück liegt im neuen Stadtzentrum und iſt vom Bahnhof, wie auch von den einzelnen Stadtteilen aus ſehr leicht zu erreichen. Außerdem liegt es in unmittelbarer Nähe des ſtädtiſchen Sportplatzes, ſo daß es auch möglich iſt, alle, und auch die größten Feſtlichkeiten im Volkshaus zu begehen.

Entwurf und Bauleitung iſt der Gemeinnützigen Wohnungs- und Heimſtättengeſellſchaft für Arbeiter, Angeſtellte und Beamte, G. m. b. H., Dresden — einem Unternehmen der freien Gewerkſchaften — übertragen worden. Dieſe hat das aufgeſtellte Programm, ein Volkshaus, welches geeignete Büros für die Gewerkſchaften, Volksfürſorge uſw., Sitzungs- und Verſammlungszimmer, Ge-

4

fellfchaftsräume, Fremdenzimmer und Wohnungen enthält und dabei fo gebaut ift, daß jederzeit ohne große Umbauten Erweiterungen vorgenommen werden können, insbefondere ein großer Saal angebaut werden kann, unter Leitung des Architekten, Genoffen Walofchek, glänzend gelöft.

Die Finanzierung

von Neubauten und von Volkshäufern ganz befonders ift unter den gegenwärtigen fchwierigen wirtfchaftlichen Verhältniffen befonders fchwer. Aus diefem Grunde wurde von vornherein der Grundfatz hochgehalten, mit dem Volkshausbau erft zu beginnen, wenn die Finanzierung gefichert ift. Ohne genügendes Eigenkapital von mindeftens 30 Prozent der errechneten Baukoften konnten und wollten wir nicht bauen. Als wir dann, unter Aufbietung aller Kräfte und Ausnutzung der verfchiedenften Möglichkeiten, vor Erreichung diefes Zieles ftanden, find unverzüglich die letzten Vorbereitungen getroffen, die Arbeiten vergeben und der Bau in Angriff genommen worden. Die Baukoften, ohne Inneneinrichtung, wurden mit 300 000 RM. errechnet. Diefes Kapital wird folgendermaßen zufammengebracht:

Hypothek der Stadtfparkaffe	120 000,—	RM.
Wohnungsbauhypothek	24 000,—	,,
Hypotheken Privater	90 000,—	,,
Stammkapital der Volkshaus G. m. b. H.	20 500,—	,,
Volkshausbaufonds der Gewerkfchaften	27 500,—	,,
Zufchußverpflichtungen der Gewerkfchaften	30 000,—	,,
Volkshausbauanleihe	20 000,—	,,
	332 000,—	RM.

Der überfchießende Betrag wird zur Inneneinrichtung verwendet. Daß die Errichtung des Volkshaufes für die Riefaer Arbeiterbewegung ein Akt von großer Bedeutung ift, wird heute von allen Seiten anerkannt. Dies geht fchon daraus hervor, daß fich an der Finanzierung faft alle Gewerkfchaften, die Partei, Genoffenfchaften, Sport- und Kulturorganifationen beteiligt haben. Daneben find auch von vielen Freunden unferer Sache perfönliche Opfer gebracht worden. Allen Spendern fei daher auch an diefer Stelle unfer verbindlichfter Dank ausgefprochen.

Die Grundfteinlegung

konnte bereits am 27. Juli 1929 in feierlicher Weife vor fich gehen. Über 800 Perfonen aus allen Kreifen der Bevölkerung nahmen daran teil. Vertreten waren von den ftädtifchen Behörden der Stadtrat, das Bauamt, das Betriebsamt, die Baupolizei, die Sparkaffe, das Grundftücksamt, ferner das Arbeitsamt, die Allgemeine Ortskrankenkaffe, der Allgemeine Deutfche Gewerkfchaftsbund, Bezirksausfchuß Sachfen, der Bezirksverband Oftfachfen der Sozialdemokratifchen Partei, die Volkszeitung in Meißen, die Großeinkaufsgefellfchaft Deutfcher Konfumvereine, der Bezirkskonfum- und Sparverein „Volkswohl", Riefa, die Riefaer freien Sportverbände und

5

Kulturorganiſationen, die Gewog, ſowie Inhaber, Angeſtellte
und Arbeiter der bauausführenden Firma Louis Schneider,
Rieſa. Nach Begrüßung der Gäſte durch den Geſangverein
und den Vertreter der Volkshaus G. m. b. H., Genoſſen Kiß,
ſowie Ausführungen des leitenden Architekten, Genoſſen
Waloſchek, welcher einen Überblick über den Bau, die Vorbereitungen uſw. gab, nahmen die Vertreter der Behörden
und der Organiſationen das Wort zu Begrüßungs- und Glück-
wunſchanſprachen. Hierauf wurde folgende Gründungs-
urkunde verleſen, einer Urne beigegeben und im Grundſtein

6

7

eingemauert, worauf unter finnvollen Sprüchen die Vertreter des Bauherrn, der Architekt der ausführenden Firma, der Behörden und Organifationen die üblichen Hammerfchläge vollführten.

Urkunde

Am 27. Juli 1929 wurde an diefer Stelle der Grundftein für die Errichtung des Volkshaufes Riefas gelegt.

Unter großen Opfern und nach Überwindung der finanziellen Schwierigkeiten gelang es den unterzeichneten Körperfchaften und Verbänden, den Bau diefes Haufes zu verwirklichen.

Mit einem Koftenaufwand von 300 000 Reichsmark (1 Goldmark entfpricht dem Preis von 1/2790 g Feingold) ift es möglich, geräumige Gaftftätten, über 20 Büros mit Sitzungsfaal, mehreren Fremdenzimmern und Wohnungen zu erbauen.

Die Stadt Riefa unter dem Oberbürgermeifter Dr. Scheider und Bürgermeifter Hans, fowie die ftädtifchen Körperfchaften förderten das Werk in dankenswerter Weife durch Überlaffung des Grundftückes.

Die ftädtifche Sparkaffe Riefa unterftützte den Bau durch Bereitftellung der notwendigen Baugelder.

Die ftädtifchen Behörden, insbefondere das Hochbauamt unter Leitung des Oberftadtbaumeifters Langer, wirkten in jeder Weife mit, ein neuzeitliches, allen modernen Anforderungen entfprechendes Gebäude zu fchaffen.

Der Entwurf ftammt aus dem technifchen Bureau der Gemeinnützigen Wohnungs- und Heimftätten-Gefellfchaft für Arbeiter, Angeftellte und Beamte, G. m. b. H., Gewog-Dresden unter der Gefchäftsführung von Richard Röfch und Architekt Walofchek.

Die Ausführung des Rohbaues liegt in den Händen der Kommanditgefellfchaft Louis Schneider, Riefa, unter Leitung des Baumeifters Albert Eifenreich.

Mit dem Bau des Volkshaufes ift gleichzeitig eine Linderung der zur Zeit herrfchenden Arbeitslofigkeit verbunden, da eine größere Zahl Bauarbeiter und Handwerker aus Riefa u. Umg. Befchäftigung erhalten.

Die derzeitige Gefchäftsführung der Volkshaus-Riefa, G. m. b. H.:
Alfred Kiß und Oskar Walz,
der Auffichtsrat: Max Teubner, Karl Kamp, Hermann Eichler, Guftav Gäde, Paul Fiedler, Richard Mehlhofe,
fowie alle an diefem Bau beteiligten Körperfchaften und Perfonen geben hierdurch der Hoffnung Ausdruck, daß der Bau des Volkshaufes gut vollendet werde, kein Unglück paffiere und die neugefchaffenen Räume bald, ihrem Zweck entfprechend, der Arbeiterfchaft übergeben werden können.

Zur Erinnerung an das Baujahr 1929 werden mit diefer Urkunde Gründungsdokumente der Gefellfchaft, die Bauzeichnungen und Modellphotographien, fowie die zur Zeit gültigen Münzen in dem Grundftein der Nachwelt übergeben.

Riefa, am 27. Juli 1929.

Unterfchriften der Teilnehmer
an der Grundfteinlegung.

Die Behörden haben, wie aus ihrer ftarken Beteiligung an der Grundfteinlegung hervorgeht, dem Volkshausbau Intereffe und Verftändnis entgegengebracht. Wir erkennen befonders an, daß fie auch der neuen Bauweife und dem modernen fachlichen Bauftil, wie er beim Volkshausbau in Riefa erftmalig angewendet worden ift, keinerlei Schwierigkeiten in den Weg gelegt haben. Hoffen wir, daß wir mit all diefen Behörden auch künftighin gut zufammenarbeiten können.

8

des erſten Bauabſchnittes unſeres Volkshauſes iſt nun beendet.
Die Vorbereitungen für den zweiten Abſchnitt, der einen
Wohnungsblock mit 38 neuzeitlichen, geſunden Wohnungen
umfaſſen wird, ſind im Gange. Hoffentlich wird es auch ge-
lingen, baldigſt als dritten und letzten Abſchnitt einen großen
Geſellſchaftsſaal zu bauen.

Daß unſer Volkshaus in knapp neun Monaten ohne jeden
Zwiſchenfall und ohne Unfälle fertiggeſtellt werden konnte,
verdient Anerkennung. Zweifellos iſt dies dem guten Einver-
nehmen zwiſchen Bauherrn, Bauleitung und Bauausführenden,
welches immer beſtand, zuzuſchreiben. Allen beteiligten Ar-
beitern, Angeſtellten und Firmeninhabern ſind wir Dank
ſchuldig. Alle haben ihre Schuldigkeit getan in dem Beſtreben,
etwas Schönes und Gutes erſtehen zu laſſen.

Unſer Volkshaus iſt für kulturelle und ideelle Zwecke errichtet
worden. Es ſoll der beſitzloſen Klaſſe zur Hebung ihrer Lage
und Förderung ihrer Kultur dienen. Es iſt auch eine Schmiede
zur Herſtellung der geiſtigen Waffen, die wir im täglichen
Kampf zur Verbeſſerung unſerer Lage gebrauchen. Das Volkshaus ſoll aber auch eine Stätte ſein, wo wahre Kameradſchaft-
lichkeit gepflegt werden kann. Freude und Geſelligkeit können
in Rieſa künftig mehr und beſſer hochgehalten werden, als
bisher.

Und nun übergeben wir unſer Volkshaus ſeinen Beſtimmun-
gen und der Öffentlichkeit. Möge es den Beifall aller finden,
mögen ſich alle im eigenen Heim wohlfühlen. Die Pforten
werden wir ſtets für alle geöffnet haben.

Darum unterſtützt und beſucht das Volkshaus.

Zum Volkshausbau von Oberbürgermeister Dr. Scheider

Riesa ist eine Stadt der Industrie, der Schiffahrt und des Handels, eine Stadt der Arbeit. Sie hatte bis zum Ausbruch des Krieges eine rasche und günstige Entwicklung genommen, hat aber nach dem Kriegsende eine schwere wirtschaftliche Krisis durchmachen müssen, als die Aufgabe der Beherbergung der Tausende von Soldaten wegfiel, auf deren und der auf dem Truppenübungsplatz Zeithain untergebrachten Soldaten Versorgung sie sich wirtschaftlich stark hatte einstellen müssen.

In harter Arbeit haben die Einwohner Riesas nicht nur den Rang ihrer Stadt im Wettbewerb mit anderen sächsischen Städten zu wahren gewußt, es ist ihnen sogar gelungen, ihr Gemeinwesen ein achtunggebietendes Stück vorwärtszubringen und damit die Bedeutung Riesas als eine Stadt, die eine Zukunft hat, zu erweisen.

Hat die Durchführung des schwierigen Aufbauvorganges, der wenigen Städten so schwere Aufgaben stellte, wie gerade der unseren, auch manchen Kampf in ihren Mauern heraufbeschworen, so steht doch heute nach mehr als 10jähriger Arbeit die verdienstvolle Anteilnahme verschiedener Kreise der Stadt fest.

Der breite Raum, den im Leben einer Stadt der Arbeit die Arbeiterschaft einnimmt, kommt jetzt im Volkshausbau sinnbildlich zum Ausdruck. Überzeugt von der Bedeutung der Arbeiterschaft und ihren wirtschaftlichen Organisationen für die Stadt, haben die städtischen Kollegien durch die einstimmig beschlossene Hergabe eines geeigneten Grundstückes in Erbpacht als Bauplatz für das neue Volkshaus, dessen Bau gefördert. Dieser Schritt soll eine Anerkennung der Bedeutung der Arbeiterschaft Riesas sein. Er soll aber zugleich auch für die Zukunft die Anerkennung der wichtigen Verpflichtung eines Gemeinwesens bedeuten, allen Teilen der Einwohnerschaft, soweit es in den Kräften der Stadtverwaltung steht, bei ihrem Bestreben zu helfen, sich Heimstätten für gemeinschaftliches Wirken im Interesse der Stadt und des ganzen Volkes zu schaffen. Man kann sich dieses Wirken je nach Anschauung und Wirkungskreis verschieden vorstellen.

Für die Riesaer Arbeiterschaft bedeutet ihr Volkshaus zunächst eine Heimstätte für ihre zahlreichen gewerkschaftlichen Organisationen, ein Haus des Wirkens und Schaffens. Die Gewerkschaften sind Organisationen des Kampfes um die Bedingungen der Arbeit. Als Kampforganisationen sind sie entstanden, und doch liegt ihre Bedeutung keineswegs in der Rolle des Kampfmittels der Arbeiterschaft allein, sondern vielmehr auch darin, daß sie es sind, die die Bemühungen der Arbeiter um Besserung der Arbeitsbedingungen in planvolle und feste Bahnen geleitet haben. Sie haben auf diese Weise die Kraft der Arbeitnehmerschaft geeint und verstärkt, haben es aber unter der sicheren Leitung bedeutender Führer auch verstan-

10

den, sich zu dem großen Vertragspartner des Arbeitsvertrages zu entwickeln, mit dem feste und dauerhafte Abmachungen getroffen werden können, die gleichermaßen im Interesse der Arbeiterschaft wie der ganzen Wirtschaft liegen. Daß diesen für die Erhaltung des Arbeitsfriedens so wichtigen Organisationen in der Industriestadt Riesa ein würdiges Heim geschaffen werden konnte, daran hat mit der Riesaer Arbeiterschaft auch die ganze Einwohnerschaft ein großes Interesse.

Neben dem Ringen um die Wahrung ihrer wirtschaftlichen Interessen, das die Arbeiterschaft in den nun im Volkshaus untergebrachten Organisationen verschiedenster Art zusammenschließt, steht für sie die Notwendigkeit der Erfüllung allgemeiner gemeinschaftlicher Aufgaben. Diese Aufgaben bestehen in gegenseitiger Fühlungnahme untereinander und in der Beteiligung an den großen und kleinen Fragen der Allgemeinheit. Für das Volksganze wie für ein städtisches Gemeinwesen ist es eine Daseinsfrage, ob es gelingt, das Sichhineinleben der Masse des Volkes in die politische Einheit und Gemeinschaft wirksam zu fördern. Hierzu bedarf es vielseitiger Anregung und auch der Stätten, an denen eine solche Einwirkung stattfinden und sich aus den im Menschen vorhandenen Anlagen die Mitarbeit frei entwickeln kann. Als eine Stätte, an der Gelegenheit zur Weiterbildung, zur politischen und gesellschaftlichen Anteilnahme an den großen Fragen des Volkslebens, zur innerlichen Erfrischung und Feier nach harter Arbeit gegeben sein wird, soll das neue Volkshaus der Arbeiterschaft und der ganzen Einwohnerschaft vor Augen stehen.

Das neue Haus steht an einer Stelle, die für den unbefangenen Beschauer zunächst noch außerhalb des Stadtkerns zu liegen scheint. Wer aber Riesa kennt, der weiß, daß jene Gegend den Mittelpunkt des von jeher einheitlichen Wirtschaftsgebietes Riesa-Gröba-Weida bildet. Dieser wirtschaftlichen Einheit ist die politische Vereinigung zur Stadtgemeinde Riesa erst vor einigen Jahren gefolgt. Heute schon kann man sagen, daß es gelungen ist, auch die gefühlsmäßigen Bande zwischen den Bewohnern der einzelnen Stadtteile so zu knüpfen, daß ein gemeinschaftliches Heimatstadtgefühl im Werden ist, wie es als Vorbedingung für die erfolgreiche Entwicklung jedes Gemeinwesens unentbehrlich ist. Aber auch äußerlich, im Stadtbilde, soll ein Mittelpunkt der baulich noch auseinanderfliehenden Stadtteile geschaffen werden. Ein neuer, großzügiger Bebauungsplan für das Gelände zwischen Bahnhofstraße und Bismarckstraße vom Bahnhof ostwärts ist im Entstehen begriffen. Die Vorschläge haben vor Jahresfrist der Einwohnerschaft zur Einsichtnahme vorgelegen. In der Nähe des neu geplanten Stadtzentrums, in der Nähe des Bahnhofes, eines zukünftigen neuen Rathauses und anderer wichtiger öffentlicher Gebäude wird das Volkshaus stehen. Wenn auch all diese Zukunftspläne noch in weiter Ferne liegen, so ist doch der Mut zu begrüßen, mit dem die Volkshaus G. m. b. H. ihr neues

11

Haus an die einstweilen noch abliegende Stelle gesetzt hat.
Möge dieser Wille zum Vorwärtsstreben zu einer einheitlichen
großzügigen Entwicklung, der durch die Wahl des Bauplatzes
zum Ausdruck gekommen ist, auch im neuen Volkshaus selbst
als oberster Grundsatz herrschen! Das ist bei der Weihe des
Hauses Wunsch der Stadtverwaltung, die gern einem jeden
Teile der Einwohnerschaft die verdiente Förderung seiner Interessen zuteil werden lassen möchte.

Festbeleuchtung

12

Der Stadtteil zwiſchen Bahnhof- und Bismarckſtraße ſoll nach **Lage**
einem bereits vorliegenden Bebauungsplan nach modernen
Baugrundſätzen aufgeſchloſſen werden. Ein neues Rathaus,
öffentliche Gebäude, höhere Schulen und das Volkshaus grup-
pieren ſich zu einem neuen Zentrum der aufſtrebenden Stadt
Rieſa. Der unbeſtimmte Termin der beabſichtigten Stadterweiterung zwang zur Wahl eines Bauplatzes an fertiger Straße,
unabhängig vom neuen Stadtplan. Das Projekt und die Finanzierung lagen baureif vor und der Bau durfte keine Verzöge-
rung erleiden. Die freie Bauſtelle an der Bismarckſtraße, unmittelbar an dem großen Sportgelände (Schwarzer Platz ge-
nannt), wurde ſowohl der Lage nach als auch unter Berück-
ſichtigung der bereits geſchilderten Stadterweiterung als die
günſtigſte erachtet und in dankenswerter Weiſe vom Rat der
Stadt Rieſa zur Verfügung geſtellt. Dabei wurde in erſter
Linie die ideale Verwendung des Hinterlandes als Feſtgelände
für Maſſenveranſtaltungen gewertet und die Volkshaus-Geſell-
ſchaft entſchloß ſich zur Errichtung ihres Hauſes an dieſer
Stelle.

Die Entwurfsarbeiten und die Leitung des Baues wurden von **Entwurf**
der Volkshaus G. m. b. H. der „Gewog", Dresden, einer Toch-
tergeſellſchaft der freigewerkſchaftlichen Deutſchen Woh-
nungsfürſorge A.-G. „Dewog" übertragen. Als Grundlage für
die zu löſende Aufgabe lag der von den gewerkſchaftlichen

13

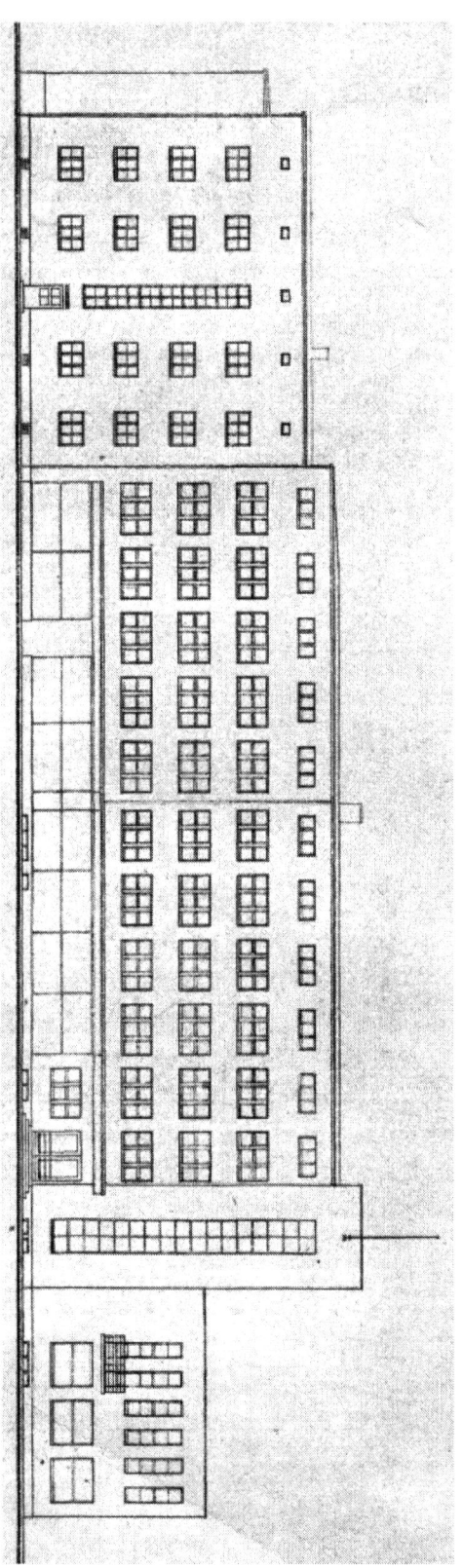

[30]

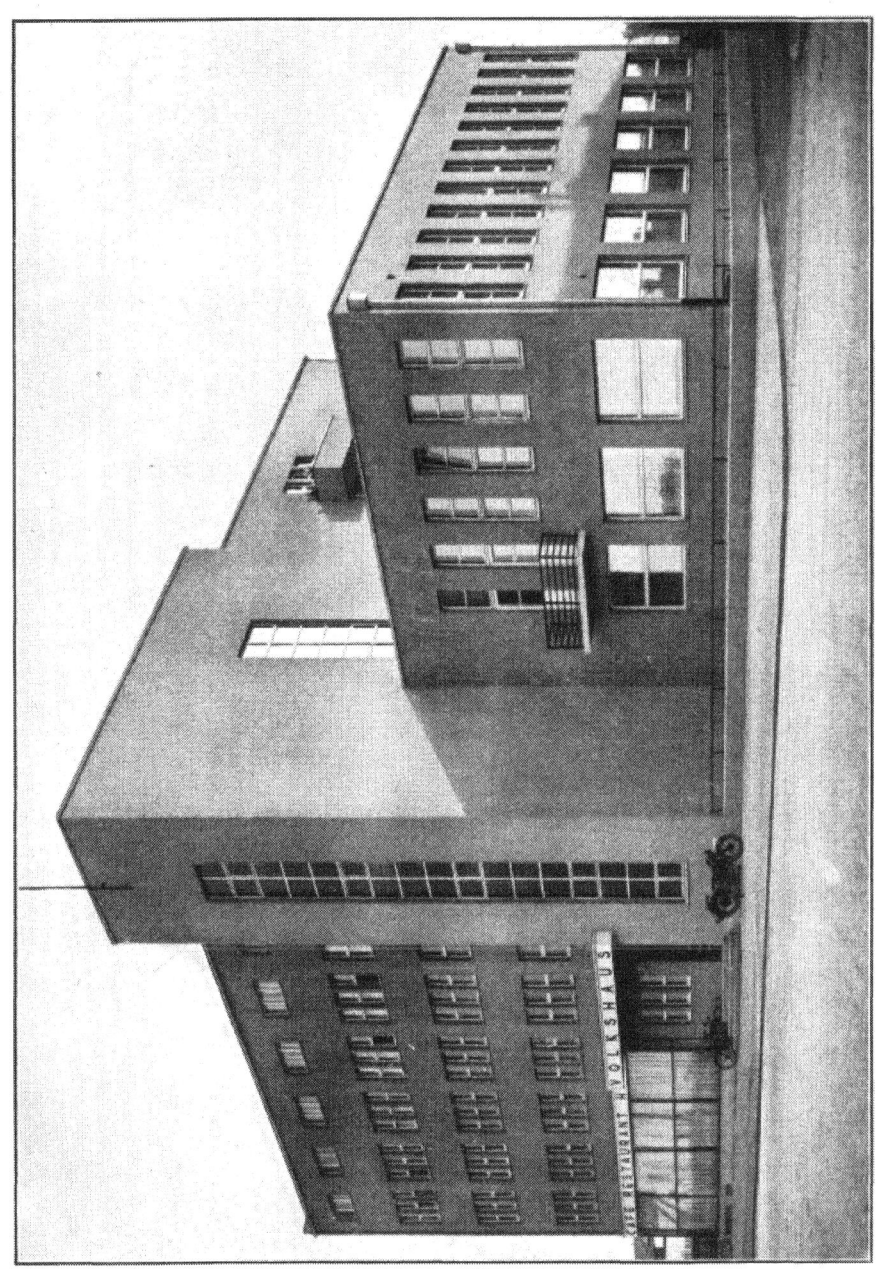

[31]

Organifationen aufgeftellte Bedarf an Büros und Gemein-
fchaftsräumlichkeiten und die für den Bau zur Verfügung
ftehenden Geldmittel vor. Nach gründlichen Beratungen
wurde vom Vorftand und Auffichtsrat der Volkshausgefell-
fchaft den Vorfchlägen des leitenden Architekten der Gewog,
Hans Walofchek, zugeftimmt und der Entwurf zur Ausführung angenommen. Nachträglich kam noch eine Erweiterung
durch Einbau einer Kegelbahn und Erhöhung der vorgefehe-
nen Zahl der Fremdenzimmer von 6 auf 12 hinzu.

Aeußere Geftaltung Es ift felbftverftändlich, daß das Volkshaus als reiner Zweckbau
mit keinerlei Ornamentik belaftet wurde, fondern den moder-
nen Grundfätzen nach einfacher klarer Architektur entfpricht.
Die Gruppierung in Büro- und Gefellfchaftsblock erwies fich
als zweckmäßig. Schon im Äußeren kennzeichnen fich die
Baumaffen durch den fünfgefchoffigen Büroblock und den
zweigefchoffigen Saalbau. Zwifchen beiden fteht verbindend
das Treppenhaus als höchfter Bauteil.

Das Flachdach wurde als die zweckmäßigfte Dachform ge-
wählt.

Die Anordnung der Fenfter entfpricht nicht nur den Bedürf-
niffen der dahinter liegenden Räume, fondern fie foll auch
im Äußeren den Verwendungszweck ausdrücken: die Büros
mit vielen breitgelagerten Fenftern, die Gefellfchaftsräume mit
Reform-Schiebefenftern und das Café vollftändig in Glas
aufgelöft. Das Treppenhaus als auffftrebender Baukörper wird
durch ein durchgehendes 15 m hohes Fenfter ein befonderes
Merkmal des Haufes.

Grundriffe Untergebracht find: 22 Büroräume, 3 Sitzungszimmer, 1 Saal
für 200—300 Perfonen mit Erfrifchungsraum und Anrichte,
Reftaurant und Café, 12 Fremdenzimmer, 4 Wohnungen,

16

Bäder und Auskleideräume für mehrere Sportvereine, eine Kegelbahn und die zu jeder Raumgruppe gehörenden Nebenräume.

Kegelbahn mit Keglerstube, Mannschaftsräume, Bäder, Samariterräume, Geräteaufbewahrung für die Sportvereine, Wirtschaftskeller, Automatische Bier- und Fleischkühlanlage für das Restaurant, Waschküche, Kesselhaus mit Kokskeller für Zentralheizung und Warmwasserversorgung. **Keller**

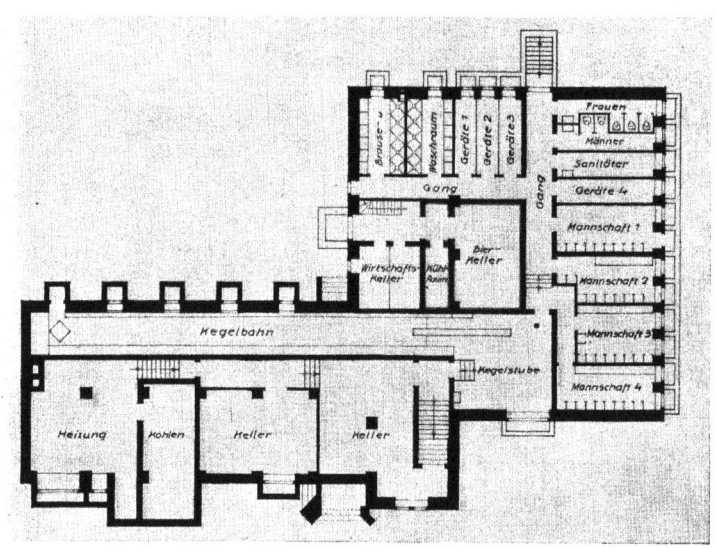

Restaurant, Küche, Büfett, Stehbierhalle und Café, Sitzungszimmer, Geschäftsführerzimmer, Toiletten. **Erdgeschoß**

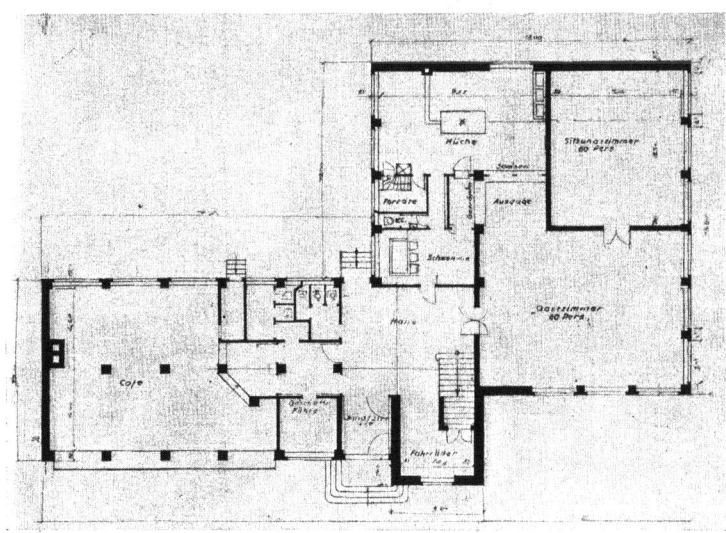

17

I. Obergeſchoß Saal, Erfriſchungsraum, Anrichte mit Speiſeaufzug, Garderobe und Toiletten, 10 Büros.

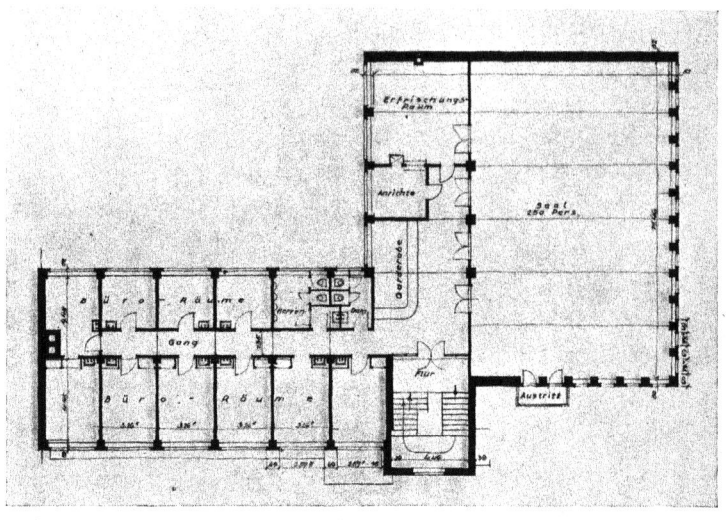

II. Obergeſchoß 10 Büros, Dreizimmerwohnung mit Küche und Bad.

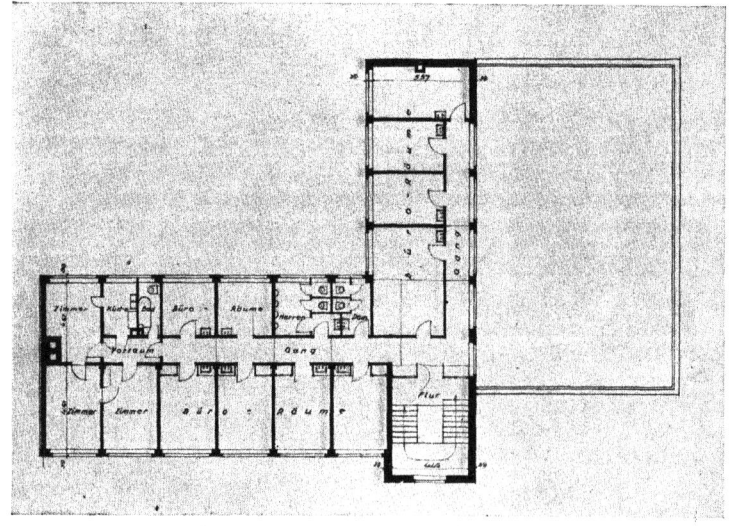

18

[34]

6 Fremdenzimmer, Bad und Wäschekammer, 2 Dreizimmer- **III. Obergeſchoß**
wohnungen mit Küche und Bad.

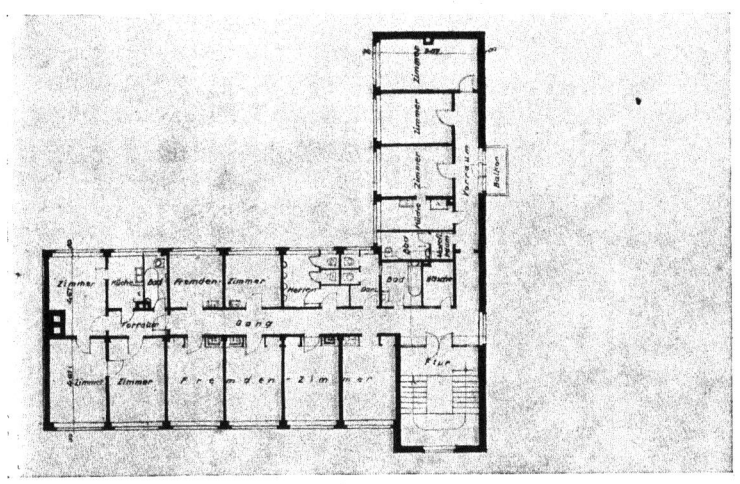

6 Fremdenzimmer, Bad, Dreizimmerwohnung mit Küche und **IV. Obergeſchoß**
Bad, Trockenboden und 4 Bodenkammern.

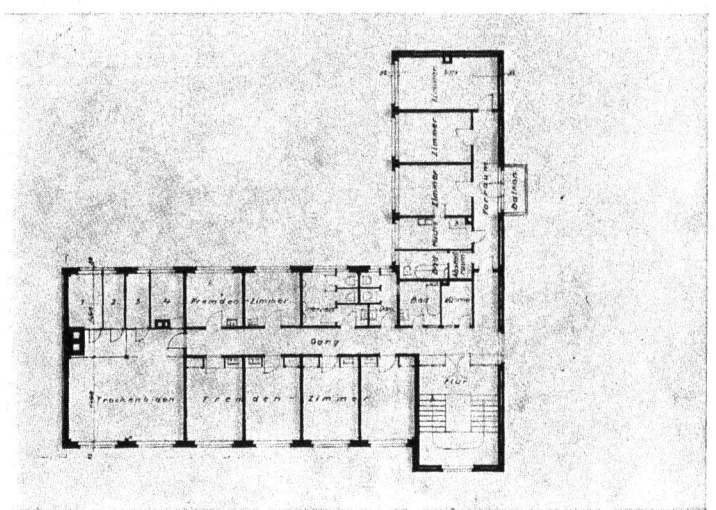

19

Bauausführung Das Volkshaus ift ein kombinierter Eifenbetonfkelettbau mit Ziegelmauerwerk. Die Fundamente find Beton, das Kellermauerwerk zwifchen den Hauptftützen ift aus gebrannten Steinen. Auch für die tragenden Wände fämtlicher Gefchoffe wurden gebrannte Steine verwendet. Die Zwifchenwände, die nicht tragen, find poröfe Lochfteine. Die Decken aus gebrannten Hohlfteinen find frei gefpannt mit Schlackenaufbeton.

Die Dächer find in der Hauptfache als Maffivdächer ausgeführt mit Ifolierplatteneinlage und Schutzbeton im Gefälle und dreifacher Bitumenpapplage. Die Fußböden find mit 3 mm ftarkem Linoleum auf 15 mm Korkeftrich belegt, der Saal mit Parkett in Heißafphalt. Sämtliche Räume haben Doppelfenfter und Gitterfperrtüren befter Ausführung (Deutfche Werkftätten, Hellerau). Die verwendeten Befchläge find aus Weißbronce. Die Heizkörper der im ganzen Haus durchgeführten Zentral-Warmwafferheizung befinden fich an den Außenwänden unter den Fenftern. Für die Warmwafferverforgung nach fämtlichen Räumen mußten der Befchaffenheit des Riefaer Waffers wegen Kupferrohrleitungen verwendet werden. Für die Ausführung des Baues wurden durchwegs Qualitätsbauftoffe verwendet. Die Reftaurationsküche und die öffentlichen Klofettanlagen find mit Wand- und Fußbodenfliefen ausgeftattet.

Küche Das Beftreben, diefen Neubau in feinen fämtlichen Teilen mit allen Errungenfchaften der Neuzeit auszurüften, war beftimmend für die Einrichtung e i n e r e l e k t r i f c h e n G r o ß - k ü c h e n a n l a g e. Hat doch die Erfahrung gelehrt, daß technifche Neuerungen, die fich durchzufetzen wußten, allgemein fo große Vorteile mit fich bringen, daß ihre Überlegenheit älteren Einrichtungen gegenüber, wie Kohle- und Gasheizung,

20

unverkennbar ist. Heute stellt gegenüber der Kohle und Gasheizung die moderne elektrische Großküche einen bedeutungsvollen Fortschritt dar. Sie kennt keinen Ruß, keinen Rauch, keine ausstrahlende Hitze und Abgase, keine Zuführung und Lagerung größerer Brennstoffmengen, kein Feuermachen und Nachlegen, kein Fortschaffen von Asche, keinen Schmutz und Staub, und verkörpert somit den Gipfel der Hygiene in einem Küchenraum.

Die elektrische Großküche im Volkshaus Riesa besteht aus einem Großküchenherd mit 8 einzeln beheizten Kochplatten, von denen jede in mehreren Wärmestufen regelbar ist.

Es sind dies: 3 runde Kochplatten (300 mm Durchmesser) Wattaufnahme 2 KW, 3 runde Kochplatten (400 mm Durchmesser) Wattaufnahme 4,5 KW, 2 viereckige Kochplatten (400x400 mm) Wattaufnahme 2 KW.

Fast die ganze in der Platte entwickelte Wärme geht auf den daraufgestellten Kochtopf und damit in das Kochgut über, während alle mit offener Flamme — also mit zu hoher Temperatur an der Flamme — arbeitenden Herde den größten Teil der erzeugten Wärme (bis zu 90 Prozent) in den Raum ausstrahlen und diesen mehr als erwünscht heizen. Die bei anderen Herdarten, besonders im Sommer und in schwer zu belüftenden Küchen oft unerträgliche Belästigungen durch Hitze, Dunst, entweichendes Gas und Verbrennungsprodukte sowie lästige Zugerscheinungen, fallen beim elektrischen Herde naturgemäß fort.

Im Unterteil des Herdgestells sind zwei Brat- und Backöfen eingebaut, sie sind mit Ober- und Unterhitze ausgerüstet und die Beheizung ist dreifach regelbar, so daß der Wärmezustand des Ofens und auch die Wärmeverteilung ganz besonders feinfühlig den Erfordernissen der jeweiligen Gerichte angepaßt werden kann. Im praktischen Betrieb hat es sich gezeigt, daß in diesen Bratöfen, deren Temperatur nicht höher ist als die erforderliche Bratwärme, die Fettersparnis außerordentlich groß ist, und die Schrumpfung des Kochgutes wesentlich geringer bleibt als in anderen Bratöfen. Man braucht auch fast gar keinen Wasserzusatz. Die Speisen werden im eigenen Safte gar und geraten ganz besonders schmackhaft.

Zum Warmhalten der fertiggestellten Gerichte und zum Anwärmen von Tellern verwendet man in der Volkshausküche zu Riesa einen elektrischen Wärmeschrank.

Die Großküche im Volkshaus Riesa wurde von der Siemens-Schuckertwerke-Aktiengesellschaft geliefert. Diese Firma konnte in den allerletzten Jahren an 40 elektrische Großküchen in den verschiedensten Betrieben neu einrichten, die sich bisher in jeder Beziehung glänzend bewährt haben.

Für die neu eingerichtete elektrische Großküche im Volkshaus Riesa kann also mit Bestimmtheit angenommen werden, daß

21

fie alle Kreife, die an ihr irgendwie intereffiert find, voll be-
friedigen wird, und zwar: die Volkshaus Riefa G. m. b. H.
wegen ihrer Wirtfchaftlichkeit, die Gäfte wegen der vorzüg-
lichen Qualität der aus ihr kommenden Speifen und fchließlich
das Küchenperfonal wegen der betriebstechnifch und gefund-
heitlich idealen Arbeitsftätte.

In den meiften Fällen gewähren die Elektrizitätswerke folchen
Großftromabnehmern, wie es die elektrifchen Großküchen
find, günftige Tarife in der Form eines Hochfpannungs-
anfchluffes, wie dies auch hier der Fall ift. Diefer bringt einen
doppelten Vorteil mit fich. Einmal hält er die Beheizungs-
koften der Küche an fich niedrig, weiterhin wirkt er fich aber
befonders günftig auf die Licht- und Kraftftromkoften des
Gefamtbetriebes aus. Der ganze Betrieb arbeitet mit diefem
billigen Strom, fo daß im Gefamtbudget erhebliche Erfparniffe erzielt werden. Dazu kommen noch weitere Vorteile
wie: Das höchfte Maß an Sauberkeit des Küchenbetriebes,
die hervorragende Güte der den Gäften gebotenen Speifen,
ein arbeitsfreudiges und ohne gefundheitliche Beeinträchtigung,
alfo auch mit wenigen Krankheitstagen arbeitendes Perfonal,
ganz erhebliche Erfparniffe an Fett und anderem Kochgut und
geringere Inftandhaltungskoften der Küchenräume und -ge-
räte.

22

Die Kühlanlage unseres Hauses besteht aus einem Bierkeller von zirka 9,5 qm Grundfläche, der ständig auf einer Temperatur von + 6 bis + 8 ° C gehalten wird. Daneben angrenzend sind die Fleischlagerräume angeordnet, welche in einen Vorkühlraum von + 4 bis + 6 ° C und in einen Hauptkühlraum von + 2 bis + 4 ° C unterteilt sind.

Außer den Kühlräumen ist an die Kelvinator-Maschine eine Kühltheke mit gekühltem Bierausschank angeschlossen, welche ermöglicht, daß jedes Glas Bier genau mit der richtigen Temperatur ausgeschänkt wird.

Wesentlich ist die vollkommene Automatik der Anlage, welche die Gewißheit gibt, daß zu jeder Tages- und Nachtzeit die richtige Temperatur in den Räumen und damit die richtige Bedienung für die Lebensmittelaufbewahrung vorhanden sind.

mit großer Speisenausgabe und Bierbüfett, einer Expresso- **Restaurant** maschine für sämtliche heiße Getränke für 375 Tassen pro Stunde, Registrierkasse usw., 80 Sitzplätze.

Reſtaurant

Reſtaurant

24

**Sitzungszimmer
60 Sitzplätze**

Café

25

Halle

**Blick durchs
Treppenloch**

26

Saal

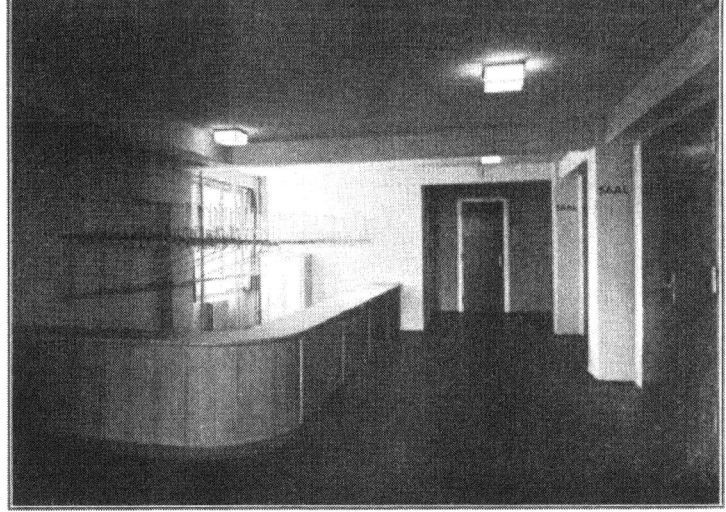

**Vorraum
mit Garderobe**

27

Sitzungszimmer A

Sitzungszimmer B

28

[44]

mit fließendem Kalt- und Warmwaſſer, Bad in jedem Stock-
werk.

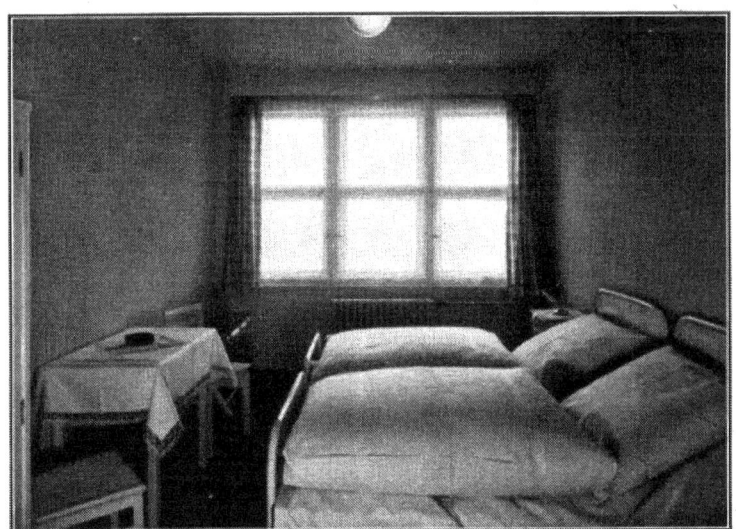

29

Kegelbahn

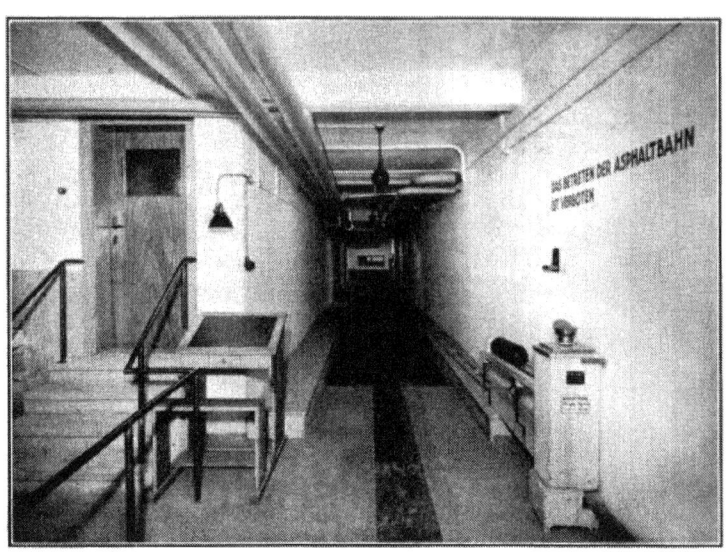

Gewerkíchaftsbüro

30

[46]

Außer den ſchon angeführten baulichen Einrichtungen iſt noch beſonders zu ſagen, daß für die Geſellſchaftsräume eine Radio- und Schallplattenanlage geſchaffen wurde, mittels welcher in ſämtlichen Geſellſchaftsräumen ſowohl Konzerte aus dem eigenen Hauſe, Schallplatten-Muſikvorträge im Hauſe und ſämtliche Sendungen von auswärts übertragen werden können. Die Anlage iſt ſo eingerichtet, daß Reden, die im Saale gehalten werden, in ſämtliche Räume und auch nach dem Wirtſchaftsgarten durch Lautſprecher übertragen werden können. Der Einheitlichkeit des Betriebes wegen wurden nach ſämtlichen Büro-, Geſellſchafts- und Wirtſchaftsräumen von einer Stelle aus regulierbare elektriſche Uhren eingebaut; ſelbſtverſtändlich auch eine Telephonanlage für ſämtliche Räume. Diejenigen Räume, die erfahrungsgemäß ſtark in Anſpruch genommen werden, erhielten beſondere Ausſtattung, wie z. B. das Treppenhaus Granitkunſtſteinſtufen und maſſive Brüſtung mit blanker Eiſenhandlaufſtange; ſo auch die Toiletten Flieſenbelag am Fußboden und an den Wänden, bzw. Ölanſtrich uſw. Die Rohrleitungen wurden ſämtlich unter Putz gelegt und als Steckdoſen und Schalter die moderne CK-Unterputz-Garnitur verwendet.

Die farbige Ausgeſtaltung des Hauſes geſchah durchwegs in der Abſicht, den darin Arbeitenden und den Beſuchern möglichſt klare, dem ganzen Charakter des Hauſes entſprechende Raumwirkungen zu ſchaffen und damit vom erſten Tage an ein arbeitsfrohes und -friſches Leben durch eine reinliche Farbgebung zu unterſtützen. Die Beleuchtungskörper wurden ebenfalls nach modernen Grundſätzen entworfen und insbeſondere auf die Auswahl guten Materials geachtet.

Die Einrichtung der Geſellſchaftsräume mit Tiſchen und Stühlen, die Auswahl der Vorhänge, die Befeſtigung derſelben mit Hilfe der neuzeitlichen Riloga-Schienen und die vielen einzelnen Dinge zur Vervollſtändigung der Ausſtattung des Hauſes vom Keller bis zum Dach erforderten mühevolle Arbeit aller beteiligten Perſonen.

Ich möchte nicht verſäumen, an dieſer Stelle allen am Bau beteiligten Behörden, Körperſchaften und Mitarbeitern den beſonderen Dank der Bauleitung auszuſprechen. Das Stadtbauamt Rieſa hat durch großzügige Genehmigungen, die Organiſationen durch tatkräftige Beratung und moderne Einſtellung zu neuen Vorſchlägen, und die Mitarbeiter der Gewog, insbeſondere Bauleiter Rudolf Vieweg, durch raſtloſe Pflichterfüllung, haben dazu beigetragen, das Haus zu bauen.

Im Auftrage der Gewog, Gemeinnützige Wohnungs- und Heimſtättengeſellſchaft für Arbeiter, Angeſtellte und Beamte, G. m. b. H., Dresden, ſpreche ich hier noch den Wunſch aus, das Volkshaus Rieſa möge der Rieſaer Arbeiterſchaft ein Haus der Zukunft ſein.   H a n s W a l o ſ c h e k.

Bauausführung Entwurf und Bauleitung: „Gewog", Gemeinnützige Wohnungs- und Heimstätten-Gesellschaft für Arbeiter, Angestellte und Beamte, G.m.b.H., Dresden-A. 1, Bürgerwiese 12.

Erd-, Beton-, Eisenbeton-, Maurer- und Zimmerer-Arbeiten: Louis Schneider, Baugeschäft, Riesa, Lindenstraße.

Klempnerarbeiten: Kurt Hohmann, Bauklempner., Riesa, Goethestr. 87.

Dachdeckerarbeiten: Eduard Annemüller, Riesa, Rosenplatz 2f.

Glaserarbeiten: E. Keßler, Riesa, Bismarckstraße 47.

Be- und Entwässerungs-Anlage einschließlich Einrichtungs-Gegenstände: Firma E. Weber, Riesa, Goethestraße 94.

Zentralheizungs- und Warmwasser-Bereitungs- und -Versorgungs-Anlage: Wilhelm A. Naumann, Wurzen.

Gasleitungs-Anlage: Städtisches Gaswerk Riesa.

Tischlerarbeiten: Ed. W. Norekat, Riesa, und Alfred Steinbach, Riesa.

Lieferung der Sperrholz-Türen: Deutsche Werkstätten A.-G., Dresden-Hellerau.

Schaufenster-Anlage: E. Keßler, Riesa, Bismarckstraße 47.

Schlosserarbeiten: Hermann Langenfeld, Riesa, Goethestraße 77.

Wandplatten für Küche und Toiletten: Kurt Schmidt, Riesa, Hauptstraße 93.

Linoleumbelag: Hermann Billing, Riesa, Schulstraße 3a.

Korkestrich-Arbeiten: Saxonia-Steinholz-Fußboden-Fabrik Max Müller, Leipzig W. 31, Alte Straße 31.

Steinholz-Fußboden: dto.

Parkett-Fußboden: Mainz-Mergentheimer Parkettfabrik Bad Mergentheim.

Elektrische Licht- und Klingelanlage: Elektrizitätswerk Riesa.

Ventilationsanlage: dto.

Gasherde für Wohnungen: Städtisches Gaswerk Riesa.

Elektrischer Küchenherd und Wärmeschrank: Siemens Schuckertwerke, A.-G.

Blitzschutz-Anlage: Hermann Langenfeld, Riesa, Goethestraße 77.

Malerarbeiten: Malerei-Genossenschaft, Dresden-A. 16, Holbeinstr. 48.

Außen-Malerarbeiten: Otto Bochnia, Riesa, Goethestraße 80.

Luxfer-Prismenabdeckung: Louis Schneider, Baugeschäft, Riesa.

Kühlanlagen: Kelvinator-Elektro-Kühlanlagen, A.-G., Dresden-A. 28, Tharandter Straße 43.

Elektrische Uhren- und Telephonanlage: Mix & Genest, A.-G., Dresden-A. 1, Moscinskystraße 3.

Beleuchtungskörper: Leipziger Bronzewaren-Fabrik Hänsel & Heydenreich, Leipzig, Kohlenstraße 18/20.

Kegelbahn: Schröder & Kartzke, Dresden-Laubegast, Iglauerstraße 1.

Großes Inventar: Wilhelm Hertlein, Leipzig, Gottschedstraße 19.

Gardinen: Albin Funk, Auerbach i.V.

Radio- und Lautsprecher-Anlage: H. Gretschel, Riesa.

Photo-Aufnahmen: Otto Werner, Riesa.

DRUCK: R. SCHMIDT & CO., MEISSEN, FÄHRMANNSTRASSE 16

[48]

Inseraten-Anhang

Volkshaus Riesa

Modernste Gaststätte am Orte. Gut eingerichtete Restaurations-, Cafè- und Gesellschafts-Räume. Fremdenzimmer mit fließendem warmen und kalten Wasser. Durch unsre technischen Einrichtungen sind wir in der Lage unsern Gästen das Beste an Speisen und Getränken zu mäßigen Preisen zu bieten. Eigene Konditorei u. Kühlanlage. Kegelbahn und großer Garten. Besichtigung gern gestattet!

Die Geschäftsleitung

GEWOG

**Gemeinnützige Wohnungs-
u. Heimstätten-Gesellschaft
für Arbeiter, Angestellte und
Beamte, G. m. b. H.**

DRESDEN-A.

Bürgerwiese 12
Fernsprecher 29275

Ab 1. 4. 1930

DRESDEN-N. 23

Kopernikusstraße 74
Fernsprecher 56120

Tochtergesellschaft der „Dewog"
Deutsche Wohnungsfürsorge A.-G. für Beamte, Angestellte und Arbeiter, Berlin S 14, Wallstraße 58. Als Gründung der Spitzenorganisationen d. Allgemeinen Deutschen Gewerkschaftsbundes, des Afa-Bundes und des Allgemeinen Deutschen Beamtenbundes ist die „Dewog" mit ihren Tochtergesellschaften die wohnungswirtschaftliche Zentralstelle für Baugenossenschaften und Bauvereine.

Die „Gewog" umfaßt den größten Teil Sachsens als ihr Tätigkeitsgebiet u. betreut Baugenossenschaften, Siedlungsgesellschaften, Bauvereine, Gemeinden, sowie Gewerkschaften bei dem Bau von Heimstätten, Volkshäusern, Heimen usw. künstlerisch, technisch, finanziell durch Landerwerb, Finanzierung, Planbearbeitung, Bauleitung, Abrechnung, Verwaltung.

48-Familienwohnhausgruppe der Spar- und Baugenossenschaft G.m.b.H. Riesa, Oststraße

LOUIS SCHNEIDER
KOMMANDIT-GESELLSCHAFT
Hoch-, Tief- u. Eisenbetonbau
RIESA

LINDENSTRASSE 23 ◆ FERNSPRECHER 53 u. 349

Teigwarenfabrik der Großeinkaufs-Gesellschaft Deutscher Konsumvereine in Gröba

[53]

[54]

Das Lindcar Fahrradwerk

veröffentlicht zu Ende des Jahres 1929 eine Umsatzaufstellung, die wir unsern Mitgliedern nachstehend unterbreiten.

„Wie die Säulen ausweisen, ist die Umsatzsteigerung von Jahr zu Jahr um fast immer 50 % des Vorjahres vor sich gegangen.

Daß auch das Jahr 1929 so gut abschließt, ist ein besonders gutes Zeichen, da im Gegensatz zu unserm „Lindcar-Fahrradwerk" die übrige deutsche Fahrrad-Industrie unsäglich gelitten hat und ihre Umsatz-Resultate weit unter den jeweiligen vorjährigen zurückliegen.

Das Prinzip, die Räder bei einer normalen Preisbasis ohne Anzahlung gegen Wochenraten von 3,00 RM. abzugeben, hat sich also bewährt. Die Abgabe erfolgt an alle freigewerkschaftlich organisierten Kollegen, wenn eine mindestens zweijährige Mitgliedschaft nachgewiesen wird. Es muß immer wieder darauf hingewiesen werden, daß vornehmlich diese Zahlungserleichterungen und die gute Qualität des Rades, die die Käufer des Lindcar-Fahrrades erfahren, die Ursachen dieser flotten Entwicklung sind.

Einen lebhaften Anteil daran haben die über das ganze Reich verteilten 26 Groß-Niederlagen. Er betrug im Durchschnitt 50 %. Weitere 20 % rechnen auf die Abgabeläger der Ortsausschüsse des ADGB, der Rest auf die Einzelkunden-Aufträge.

Wurden vorher die gute Qualität des Rades und die Zahlungserleichterungen als hauptsächliche Ursachen der flotten Entwicklung aufgeführt, darf weiterhin nicht unerwähnt bleiben, daß die eifrige Mitarbeit aller Gewerkschaftsinstanzen und vieler Verbandskollegen das ihrige dazu tat. Es ist ja das eigene Unternehmen, für das sie warben und das wir alle auch weiter unterstützen müssen.

Das junge Werk verdient diese Unterstützung. Im Interesse der praktischen Gemeinwirtschaft innerhalb der Arbeiterschaft richten wir an dieser Stelle an alle Fahrrad-Interessenten in unsern Gewerkschaftskreisen den Apell, Fahrräder nur zu beziehen aus dem Unternehmen der freien Gewerkschaften, dem

LINDCAR-FAHRRADWERK

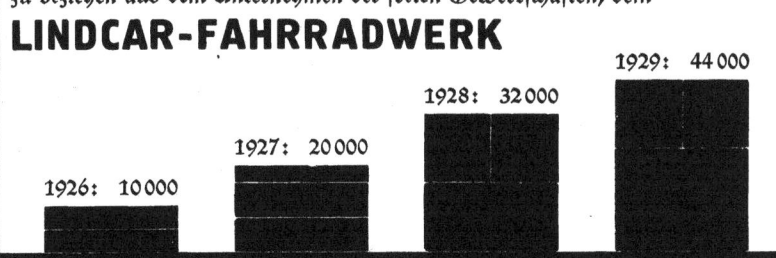

1926: 10 000
1927: 20 000
1928: 32 000
1929: 44 000

Buchdruckerei
R. Schmidt & Co

Wir empfehlen uns zur Herstellung
aller Drucksachen in neuzeitlicher
wirkungsvoller Gestaltung und bei
angemessener Preis-Berechnung!
Genossen sorgt auch dafür, daß uns
überall dort Drucksachen zugewie-
sen werden, wo es euer Einfluß ermöglicht. Nur im weiteren Ausbau
unsrer Buchdruckerei liegt die größere Leistungsfähigkeit begründet.
Sie kommt nicht zuletzt unserem
Organ der „Volks-Zeitung" zugute.
Auch in Zukunft wird sie die Interessen der gesamten werktätigen
Bevölkerung jederzeit vertreten!

Meißen, Fährmannstr. 16

Fernruf 2541

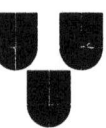

[60]

National
Kontroll
Kassen

sind weltberühmt und die besten und billigsten Kontroll-Kassen der Welt

Seit 40 Jahren glänzend bewährt

Verlangen Sie kostenlose Erklärung ohne Verpflichtung für Sie

Eine große Anzahl von Volks- und Gewerkschaftshäusern Deutschlands üben ihre Kontrolle aus durch **National Kontroll Kassen**

National Registrier Kassen Ges. m.b.H.
Berlin-Neukölln

Bezirksvertreter:

B. Haberkorn, Meissen
Zscheilaerstr. 58 — Tel.: 1215

Die Grossküche wird in Zukunft elektrisch sein

Elektrischer Großküchen-Herd im Hotel „Ewige Lampe" in Köln

Keine Erschöpfung des Personals durch Abgase und Wasserdampfbildung

Kein Rauch Kein Staub Keine Kohlenanfuhr Keine Aschenreste Kein Schüren des Feuers

Ausführung der Herde für ein- und beiderseitige Bedienung. Jede Kochstelle ist durch Schalter drei- bis vierfach regelbar. Die Backofen-Unter- und -Oberhitze ist getrennt, je dreifach regelbar.

Für solche Küchenanlagen haben die Elektrizitätswerke meistens günstige Großabnehmertarife. Dann entsprechen die

reinen Wärmekosten

ungefähr denen bei anderen Heizungsarten.

[71]

Bezirks-Konsum-u.Sparverein "Volkswohl" e.G.m.b.H. Riesa

Ein Mitglied, »»➤

organisiert im Konsumverein Riesa ergibt bei »»➤

9000 Mitglieder

ca. 5 Millionen Mark Jahresumsatz

in Sachsen »»➤

400 000 Mitglieder

210 Millionen Mark Jahresumsatz

im Deutschen Reich »»➤

Zentralverband deutscher Konsumvereine

3 Millionen Mitglieder

über 1¼ Milliarde Mark Jahresumsatz

DIE EROBERUNG der wirtschaftlichen Macht ist nur dann möglich, wenn sich die Verbraucher restlos im Konsumverein zusammenschließen!

[72]

[74]

Albin Funk

Auerbach i. Vogtl.

Spezial-
Gardinenfabrik
und Dekorationen
für Gaststätten
Großbauten
Siedlungsbauten

Lieferant sämtlicher
Gardinen und Patent-
Zugvorrichtungen
für dieses Haus

Ed. Willy Norekat
Riesa

Möbel ￭ Ladenbau
Innen-Einrichtungen

BKV Riesa

Ein Zeuge
großer wirtschaftlicher Kraft

für die Konsumentenbewegung ist die

Konsumgenossenschaft

Volkswohl
Riesa

Ihre Großbetriebe
Bäckerei, Schlächterei
und Kaffee-Rösterei

sind mit mustergültigen Einrichtungen bestrebt, das Beste für die
Mitglieder zu schaffen.

30 Geschäftsstellen dienen
9000 Familien

Genossenschaftsbewegung
ist ein Weg zur Befreiung
des schaffenden Menschen!

Fernstehende kommt!
Geht mit uns den Weg!

Die dem ADGB, Afa und ADB angeschlossenen Organisationen

Allgemeiner Deutscher Gewerkschaftsbund (ADGB)
Ortsausschuß Riesa

Arbeitersekretariat (Rechtsauskunftstelle)
Geschäftsführer: Alfred Kiß.

Deutscher Metallarbeiter-Verband, Verwaltungsstelle Riesa mit Zweigstelle Gröditz. Geschäftsführer: Paul Liebchen.

Gesamtverband der Arbeitnehmer der öffentl. Betriebe des Personen- und Wagenverkehrs, Ortsgruppe Riesa. Geschäftsführer Hermann Eichler.

Einheitsverband der Eisenbahner Deutschlands, Verwaltungsstelle Riesa. Geschäftsführer: Karl Kamp.

Deutscher Holzarbeiter-Verband, Verwaltungsstelle Riesa. Geschäftsführer: Richard Mehlhose.

Zentralverband der Zimmerer Deutschland, Verwaltungsstelle Riesa. Geschäftsführer: Oswald Ermer.

Deutscher Baugewerksbund, Ortsgruppe Riesa. Geschäftsführer: Oskar Rothe.

Deutscher Fabrikarbeiter-Verband, Ortsgruppe Riesa. Geschäftsführer: Max Teubner.

Verband der Bekleidungsarbeiter Deutschlands. Vorsitzender: A. Hunold, Riesa, Merzdorf.

Deutscher Textilarbeiter-Verband, Ortsgruppe Riesa. Vorsitzender: Johann Wenig, Riesa, Langestraße 12.

Verband der Deutschen Buchdrucker, Ortsgruppe Riesa. Vorsitzender: Kurt Moritz, Klötzerstraße 15.

Verband der Dachdecker Deutschlands, Ortsgruppe Riesa. Vorsitzender: Richard Gottschalk, Neue Hoffnung 17.

Verband der Kupferschmiede Deutschlands, Ortsgrupppe Riesa. Vorsitzender: Max Käppler, Langestraße 6.

Nahrungsmittel- und Getränkearbeiter-Verband, Ortsgruppe Riesa. Vorsitzender: Reinhold Kupsch, Stegerstraße 4.

Verband der Maler und Lackierer, Ortsgruppe Riesa. Vorsitzender: Franz Fieber, Grenzstraße 20.

Verband der Maschinisten und Heizer Deutschlands, Ortsgruppe Riesa. Vorsitzender: Kurt Zschukelt, Langestraße 4.

Verband der Sattler, Tapezierer und Portefeuiller, Ortsgruppe Riesa. Vorsitzender: Richard Kleditzsch, Elbberg 2.

Deutscher Landarbeiter-Verband, Ortsgruppe Riesa. Vorsitzender: Otto Dommitzsch, Canitzer Straße 52.

Verband der Schuhmacher Deutschlands, Ortsgruppe Riesa. Vorsitzender: Th. Kohlert, Breitestraße 6.

Schweizerbund, Ortsgruppe Riesa. Vorsitzender: Paul Priebs, Glaubitz, Rittergut.

Verband der Steinarbeiter Deutschlands, Ortsgruppe Riesa. Vorsitzender: Max Paumer, Nickritz.

Allgemeiner freier Angestelltenbund (Afa)
Ortsausschuß Riesa

Zentralverband der Angestellten Deutschlands, Ortsgruppe Riesa.
Vorsitzender: Alfred Kresse, Alleestraße 32.

Bund technischer Angestellten (Butab), Ortsgruppe Riesa.
Vorsitzender: M. Schönitz, Lindenstraße.

Deutscher Werkmeister-Verband, Ortsgruppe Riesa.
Vorsitzender: Rudolf König, Maschinenhausstraße.

Deutscher Polierbund, Ortsgruppe Riesa.
Vorsitzender: Max Förster, Alleestraße 46.

Allgemeiner Deutscher Beamtenbund (ADB).
Ortsausschuß Riesa

Einheitsverband der Eisenbahner, Beamtenabteilung.

Bund Sächsischer Staatsbeamten, Ortsgruppe Riesa.
Vorsitzender: Richard O. Hubert, Riesa.

Gewerkschaft Deutscher Lokomotivführer, Ortsgruppe Riesa.
Vorsitzender: Albert Hauptmann, Neu-Weida.

Allgemeine freie Lehrergewerkschaft, Ortsgruppe Riesa.
Vorsitzender: Karl Fischer, Riesa-Gröba.

Gesamtverband der Arbeitnehmer der öfftl. Betriebe usw. (Beamtenabt.).

Der Architekt Hans Waloschek

Sein Leben und sein Werk

von Jutta und Pedro Waloschek (*)

Inhalt:

Der Architekt Hans Waloschek

Sein Leben und sein Werk

von Jutta und Pedro Waloschek

Vorwort

Mit Ideenreichtum und Kreativität, mit zukunftsorientierten und trotz-dem realisierbaren Vorschlägen und mit einer soliden Durchführung hat Hans Waloschek immer wieder seine vielen Bauherren in Deutschland und Südamerika überzeugt und begeistert, sei es bei ganzen Siedlun-gen, bei Wohnungen in großen Blocks oder als Einzelhäuser, bei Indu-strieanlagen und sogar bei Kirchen. Dabei standen immer Mensch und Lebensqualität im Mittelpunkt seiner Betrachtungen, auch im Sinne der Wiener Siedlerbewegung, der er sich in seiner Jugendzeit angeschlos-sen hatte. Durch einige seiner Bauten in Dresden-Trachau, Meißen und Riesa in den Jahren 1928 bis 1933 kann man Hans Waloschek als einen der Verfechter der Prinzipien der sogenannten „Neuen Sachlichkeit" in die Architekturgeschichte Deutschlands einreihen.

Jugend in Wien

Hans (Johann Karl) Waloschek wurde am 13. Juli 1899 in Wien geboren. Er kam aus eher bescheidenen Verhältnissen. Sein Vater Johann (aus Schlesi-en) war Schumachermeister und ist schon 1904 verstorben. Seine Mutter Emma Maria (geb. Frömel, Lehrerin aus Mährisch Schönberg) übernahm das Schuhgeschäft und meisterte so gut es ging und mit einer gewissen Härte die Erziehung der beiden Söhne Willi (geb. 1898) und Hans und der 5 Jahre jüngeren Schwester Emmy.

Hans hat nach dem Ende der Volksschule drei Klassen Bürgerschule be-sucht und ab 1912 die Gewerbliche Fortbildungsschule. Er hat 1913 eine Maurerlehre bei F. Wasler & A. Blahorek (Wien) angetreten. Dabei ging er auch schon auf die Staatsgewerbeschule (Baugewerbe). Er beendete die Maurerlehre erfolgreich bei Baumeister Ferdinand Schindler in Wien, bekam am 30. September 1916 den entsprechenden Lehrbrief und am 2. Juli 1919 sein Reifezeugnis von der Staatsgewerbeschule, Höhere Baufachschule. Nach 1939 berechtigte dieses Zeugnis (in Österreich) zur Führung der Standesbezeichnung „Ingenieur", wie es in Deutschland schon früher üblich war.

Bei seiner Ausbildung war Hans Waloschek immer ein Jahr hinter seinem älteren Bruder Willi her. Sie haben sich gut verstanden und gegenseitig geholfen. Schon in der Staatsgewerbeschule befreundeten sie sich mit Raúl Pérez Irigoyen, dessen Onkel, Fernando Pérez damals der Gesandte Argentiniens in Wien war. Dem für Zeichnen und praktische Arbeiten weniger begabten Pérez Irigoyen konnten sie tatkräftig unter die Arme greifen. Dies war eine für Waloscheks spätere Tätigkeit in Argentinien recht wichtige Bekanntschaft.

Hans Waloschek hatte in der Staatsgewerbeschule wohl gute Kenntnisse erworben, sodass er schon 1918 bei Prof. Carl Seidl (Wien) an der Planung eines Mehrfamilienwohnhauses mitarbeitete und 1919 im Atelier des Architekten Georg Karau (Wien) an der Planung von Wohnhäusern beteiligt war. Hans und Willi hatten auch einige Nebeneinkünfte durch Abendtätigkeiten, u.a. als Statisten im Theater an der Wien. Dabei entwickelten sie auch rege kulturelle Interessen, z.B. zum Musizieren.

Als Einundzwanzigjähriger ging Waloschek (1920) nach Leipzig, wo er bei Ing. Alfred Paats am Projekt und Bau eines Sportstadions mitwirkte. Es haben sich damals Probleme bei einem Schwimmbad aus Beton ergeben, das nicht wasserdicht wurde, worüber er später oft scherzhaft berichtete. Im Jahr 1922 kehrte Waloschek nach Wien zurück und hat bei den Professoren Theiss und Jaksch gearbeitet, u.a. in der Bauleitung einer Wohnsiedlung. In dieser Zeit und bis 1925 haben Hans und sein Bruder Willi mehrere Vorlesungen an der Technischen Hochschule in Wien belegt, die anscheinend zu keinem Abschlusszeugnis geführt haben. Sie haben auch Abendkurse im Zeichnen an der Akademie der Bildenden Künste am Schillerplatz in Wien belegt.

Ab 1922 waren die Brüder Waloschek aktiv in der Siedlerbewegung tätig und arbeiteten auch im Baubüro des Österreichischen Siedlerverbandes (in Wien) im Team des berühmten Philosophen und Soziologen Dr. Otto Neurath. Leiter des Verbandes war der auch wohlbekannte Architekt Bruno Taut. In dieser recht begeisterten und idealistischen Gruppe haben sie u.a. die Innenarchitektin Margarete Schütte-Lihotzky (sie hat später die sog. „Frankfurter Küche" entwickelt) und Hans' spätere Frau Margarethe (Grete) Stark kennen gelernt. Es ging damals um die Erschließung von Wohngegenden um Wien herum, u.a. der Siedlung Eden (Hütteldorf am Wienerwald), in der Willi und Hans Waloschek auch selbst ein Haus (für Willi) gebaut haben, und später daneben ein zweites (für Hans).

Alle Beteiligten hatte damals vorweg für die Benutzung der Grundstücke und für den Bau der Straßen notwendige Arbeiten zu leisten, so zum Beispiel die noch immer vorhandenen Wurzeln der vielen Bäume auszugraben, die in der Not des Ersten Weltkriegs gefällt und verheizt wurden. Über 2000 freiwillige Arbeitsstunden hatten Grete, Willi und Hans jeweils dafür beigetragen.

Der Berliner Freundeskreis

Im Jahr 1926 unternahm Hans Waloschek eine Studienreise durch Holland und Deutschland, mit dem besonderen Ziel, sich über die Rationalisierung des Wohnungsbaues zu informieren, und über den damals aufkommenden, sachlich modernen und funktionellen Baustil, der weitgehend auf Verzierungen verzichtete.

Anfang 1927 kam Waloschek nach Berlin, mit guten Empfehlungen aus Wien zum damaligen Direktor der DEWOG („Deutsche Wohnungsfürsorge A.-G. für Beamte, Angestellte und Arbeiter"), Architekt Richard Linneke. Dieser empfahl ihn dem Vertrauensarchitekten der DEWOG Willi Ludewig, der Waloschek in seinem Atelier einstellte. Bei Ludewig wurde eine große Zahl von Siedlungen und Wohnblocks in Berlin und Umgebung geplant und gebaut, zum größten Teil im Auftrag der gemeinnützigen Wohnungsbaugesellschaften, die zur DEWOG-Gruppe gehörten. Diese große Organisation wurde von dem bekannten Architekten Dr. Martin Wagner aufgebaut, der die Leitung an Richard Linneke übergab, als er Stadtbaurat von Berlin wurde.

In der DEWOG war auch der Jurist Dr. Ernst Bodien beschäftigt, der mit Ludewig befreundet war. Es entstand eine enge, auch persönliche Beziehung zwischen Willi Ludewig, Richard Linneke, Ernst Bodien, Hans Waloschek und ihrer Familien, die sich über ihr ganzes Leben erstreckt hat.

In diesen Kreisen wurde viel über Rationalisierung des Wohnungsbaues und über modernen Baustiel diskutiert, wohl im Rahmen der in der Architektur heute als „Neue Sachlichkeit" oder als „Moderne" bezeichneten Bewegung. Auch mit Architekten und Künstlern des berühmten „Bauhauses" gab es Kontakte, unter ihnen besonders Bauhaus-Gründer Walter Gropius und Ludwig Mies van der Rohe.

Die DEWOG hat damals in Deutschland viele Tochtergesellschaften gegründet, einige unter dem Namen „GEWOG" mit entsprechender Ortsangabe, aber auch unter anderen Namen. Auch neue „Bauhütten" wurde von der DEWOG eingerichtet, u.a. zur rationelleren Herstellung von Baumaterialien.

Ziel all dieser Gesellschaften war die Beratung und Betreuung von Kommunen und Genossenschaften bei der Planung, beim Bau und bei der Finanzierung neuer Wohnviertel, Siedlungen und Häuserblocks, die vor allem für größere Bevölkerungsschichten erschwinglich waren. Dabei wurde auch die Wirtschaftlichkeit gemeinsamer Einrichtungen berücksichtigt, mit denen die

Lebensqualität verbessert werden konnte, wie z.B. allgemeinzugängliche Gärten, zentrale Wäscherei, Heizung und Warmwasser.

Es entstanden damals viele neue (unabhängige) Siedlerbewegungen und Genossenschaften. Sie wurden von den Gesellschaften der DEWOG-Gruppe, von den sozialdemokratischen Gewerkschaften und von den ihnen nahestehenden Banken tatkräftig unterstützt.

Gegen Ende des Jahres 1927 wurde Waloschek angeboten, vom Büro Ludewigs in die DEWOG zu wechseln, um das „Baubüro Mitteldeutschland" zu leiten. Es sollte eine recht gut dotierte Stelle sein.

Mit diesen Aussichten haben Hans Waloschek und Grete Stark zu Weihnachten 1927 in Wien geheiratet.

Grete Stark war in der sozialdemokratischen Jugendbewegung aktiv, hatte mehrere Schulungskurse besucht, Seminare für Sozialpolitik an der Universität Wien gehört, war in der Siedlungs- und Kleingartenbewegung und hatte außerdem eine gute Ausbildung als Sekretärin. Dadurch kam sie in den Österreichischen Siedlerverband und als dieser 1924 aus Geldmangel geschlossen wurde arbeitete sie bei einer Angestelltenkrankenkasse. Sie hat in Waloscheks Leben eine wichtige Rolle gespielt, war seine Sekretärin, Verwalterin, Organisatorin und zusätzlich auch Hausfrau und Mutter für die beiden in Dresden geborenen Kinder Peter (1929) und Jutta (1931). Ihre vielen und langen Briefe enthalten einen guten Teil von dem, was heute über das Leben von Hans Waloschek bekannt ist.

DEWOG und GEWOG-Dresden

Anfang März 1928 hat Hans Waloschek mit seiner Arbeit bei der DEWOG begonnen. Als erste Aufgabe sollte er eine Tochtergesellschaft der DEWOG,

Hans und Grete
Waloschek, 1928

die „GEWOG-Dresden" (Gemeinnützige Wohnung- und Heimstätten-Gesellschaft für Arbeiter, Angestellte und Beamte m.b.H.) gründen. Waloschek wurde dafür mit einem Grundkapital von 5.000 RM in Bar von Berlin nach Dresden geschickt. Am 7. Mai 1928 hat er die neue Firma im Handelsregister in Dresden eingetragen, wie Dipl. Ing. Architekt Karl-Heinz Löwel, feststellen konnte. Herr Löwel hat sich intensiv mit der Geschichte des Siedlungsbaues in Sachsen beschäftig. Hans Waloschek wurde Leiter des Architekturbüros der neuen Gesellschaft. Geschäftsführer wurde der bekannte Dresdner Kommunapolitiker Richard Rösch.

Die Unterlagen, Akten und Dokumente der DEWOG

und der GEWOG, die von den sozialdemokratischen Gewerkschaften gegründet wurden und ihnen natürlich nahe
standen, sind aus politischen Gründen,
hauptsächlich unter dem NS-Regime,
und dann durch die Kriegsereignisse
zum größten Teil vernichtet worden.

Nach umfangreichen Recherchen, mit
Einbeziehung von Dokumenten aus dem
Nachlass von Hans Waloschek, ist es
Karl-Heinz Löwel gelungen, die von der
GEWOG unter der Leitung von Arch.
Hans Waloschek in und um Dresden ge-
planten und erstellten Bauten zu identifi-
zieren und dabei einige zum Teil fehler-
hafte Zuordnungen richtig zu stellen.

Dies hat Karl-Heinz Löwel u.a. in einem Artikel im Deutschen Architekten-
blatt DAB (5/97, S. 676-677) dargestellt,
und dann auch in einer Beilage zur Trachauer Bürgerzeitung (TBZ Nr. 41, Aug.
1996) und in dem Buch „Die Großsie-

GEWOG-Dresden, 1931,
Industriestraße

dlung Dresden-Trachau - Geschichte und Sanierung", das im September 2000
von der „Wohnungsgenosseneschaft Trachau-Nord eG" (WGTN) und dem
„Deutschen Werkbund Sachsen e.V." herausgegeben wurde.

Das aus heutiger Sicht wohl wichtigste der Vorhaben der GEWOG in Dres-

Dresden-Trachau,
1930,
Kirchhoffstraße
(heute Richard-
Rösch-Straße)
Ecke
Industriestraße

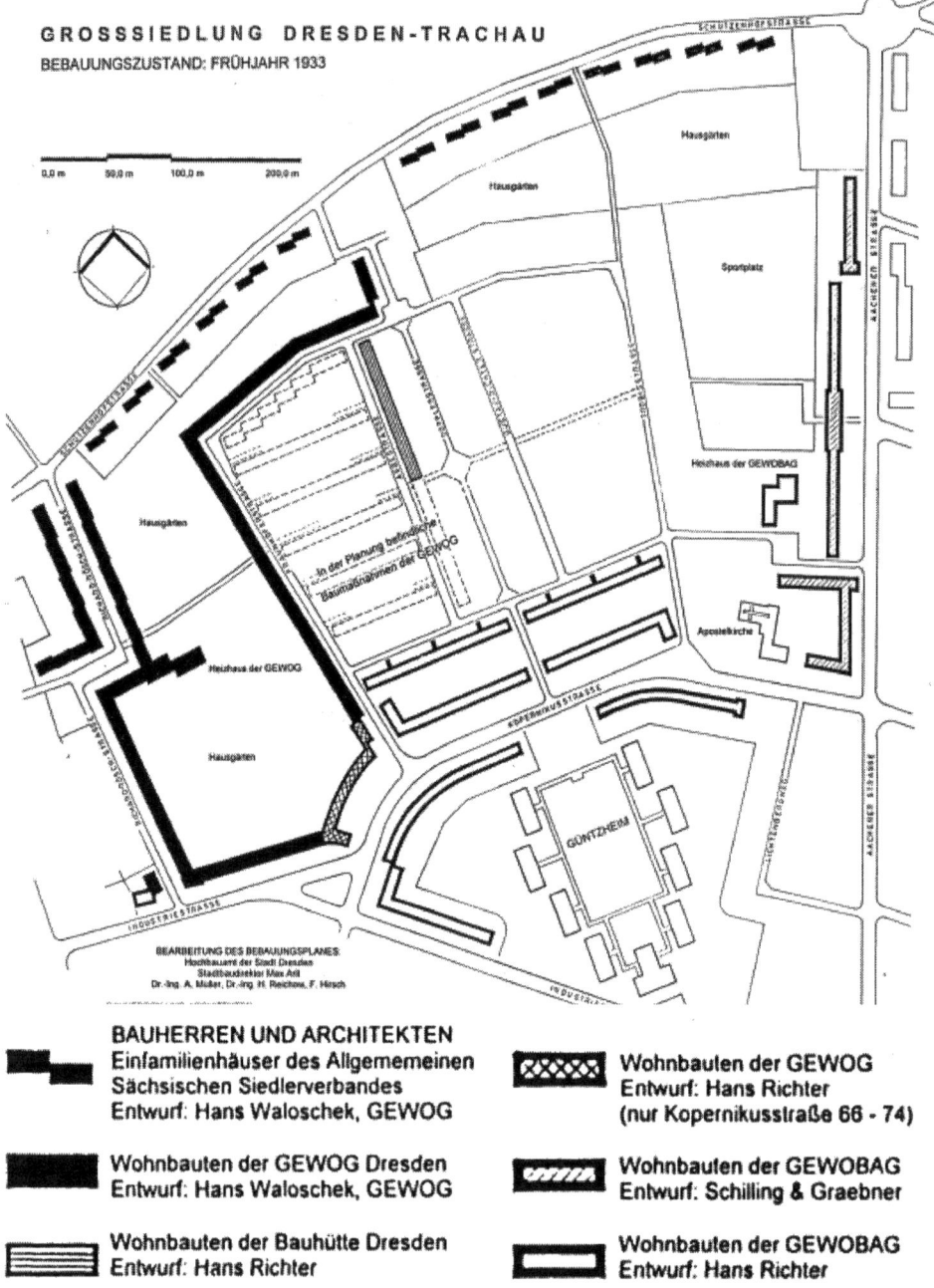

GROSSSIEDLUNG DRESDEN-TRACHAU

BEBAUUNGSZUSTAND: FRÜHJAHR 1933

BAUHERREN UND ARCHITEKTEN

Einfamilienhäuser des Allgememeinen Sächsischen Siedlerbandes
Entwurf: Hans Waloschek, GEWOG

Wohnbauten der GEWOG Dresden
Entwurf: Hans Waloschek, GEWOG

Wohnbauten der Bauhütte Dresden
Entwurf: Hans Richter

Wohnbauten der GEWOG
Entwurf: Hans Richter
(nur Kopernikusstraße 66 - 74)

Wohnbauten der GEWOBAG
Entwurf: Schilling & Graebner

Wohnbauten der GEWOBAG
Entwurf: Hans Richter

Die von Dipl.-Ing. Karl-Heinz Löwel 1996 nach seinen Unterlagen und Recherchen aufgestellte Zuordnung der Bauten in Trachau, eingetragen in einen Plan des Bebauungszustandes von 1933.

[88]

Häuser in der Siedlung Dresden-Trachau, Schützenhofstr.

Bilder aus einem Artikel von Hans Waloschek in der Zeitschrift „Nachrichten der Deutschen Linoleum-Werke", April 1932. Unten, die vorgeschlagene Inneneinrichtung

den war die Planung und der Bau der Wohnzeilen eines beachtlichen Teiles der Großsiedlung Trachau. Weitere Teile dieser Siedlung, dessen Bebauungsplan schon um 1925 erstellt wurde, sind vom Baubüro des Architekten Hans Richter geplant und gebaut worden und vom renommierten Dresdner Architekturbüro Schilling & Graebner. Die Zuordnung der verschiedenen Teile zu Bauträgern und Architekturbüros wurde von Karl-Heinz Löwel klargestellt.

Die langen Wohnblocks der Großsiedlung wurden Ende der 90er Jahre saniert und zum Teil an die heutigen Bedürfnisse angepasst. Die Fassaden wurden mit wissenschaftlicher Beratung der TU-Dresden originalgetreu wiederhergestellt, einschließlich ihrer ursprünglichen Farben.

Die nördliche Grenze der Siedlung Trachau besteht aus einer Reihe von Häusern in der Schützenhofstraße, die auch als „Häuser an der Sonnenlehne" bekannt sind. Diese Häuser wurden von der GEWOG unter Hans Waloschek für Mitglieder des „Allgemeinen Sächsischen Siedlerverbandes e.V."

(ASSV) geplant und gebaut. Es handelt sich um insgesamt 14 Häuser mit je 4 Wohneinheiten.

Die GEWOG hat die Bewohner der Siedlung Trachau auch bei der Einrichtung ihrer Wohnungen beraten. So wurden z.B. nach modernen Methoden erstellte Möbel zu vernünftigen Preisen angeboten (u.a. von den „Deutschen Werkstätten" in Hellerau), darunter auch Küchenmöbel, die den von Grete Schütte-Lihotzky eingeführten, funktionellen Kriterien entsprachen.

Die Gebäude der Großsiedlung Trachau und die Häuser an der Sonnenlehne (die erste große Flachdachsiedlung Dresdens) wurden schon zu DDR-Zeiten unter Denkmalschutz gestellt. Karl-Heinz Löwel hat in seinem schon erwähnten DAB-Artikel den Hauptgrund dafür sehr genau formuliert: „Die Großsiedlungen der 20er Jahre, errichtet nach den Grundsätzen der Neuen Sachlichkeit, zählen in Deutschland zu Höhepunkten in der Architekturgeschichte dieses Jahrhunderts". Die wiederhergestellte Siedlung Dresden-Trachau ist schon heute eine Sehenswürdigkeit für Architekten und Kunsthistoriker.

Ein wichtiges Projekt der GEWOG-Dresden war das heute (März 2001) noch nicht restaurierte, jedoch in der Bausubstanz halbwegs erhaltene Volkshaus in Riesa, das von Hans Waloschek entworfen und unter seiner Leitung gebaut wurde. Es gehört zu seinen schönsten und interessantesten Bauten und beinhaltete u.a. ein Kaffee-Restaurant, Sitzungsräume, eine Kegelbahn, Mannschaftsräume und Zimmer für einen hotelartigen Betrieb. Es wurde am 1. März 1930 eingeweiht. Die GEWOG hat 1931 (als „Bauherr") dem Volks-

Das Volkshaus Riesa und (links) die von der GEWOG angebauten Wohnblocks

haus Riesa eine Wohnzeile angebaut, die heute noch halbwegs erhalten ist. Der Komplex wurde 1933 von den Nationalsozialisten enteignet und nach dem Krieg als Kaserne für russische Soldaten benutzt. In Riesa hat die GEWOG noch mindestens zwei weitere Erweiterungsbauten durchgeführt.

Eine lange und eine kürzere, abgewinkelte Wohnzeile mit Kleinstwohnungen hat die GEWOG in Meißen-Bohnitzsch geplant und erstellt. Die etwa 100 Meter lange Zeile entlang der Großenhainerstraße wurden schon saniert und restauriert. Es ist ein weiteres Beispiel der damals eingeführten modernen und rationellen Bauweise.

Des Weiteren hat die GEWOG laut Karl-Heinz Löwels Recherchen in Dresden den ersten Teil einer Siedlung in Wölfnitz geplant und gebaut und eine Siedlung für den „Kriegerheimstättenverein" in Coschütz, die jedoch beide in der Form und Ausstattung traditionaller Siedlungen erstellt wurden, also mit Steildach und kleinen Fenstern.

Hans Waloschek konnte damals aus guten Gründen auf eine erfolgreiche Laufbahn als Architekt in Deutschland vorausblicken und beantragte für sich und seine Familie die deutsche Staatsbürgerschaft. Die Waloscheks waren schon 1930 in eine schöne Wohnung in der Großsiedlung Dresden-Trachau übersiedelt und hatten sich dort mit modernen Möbeln eingerichtet.

Der Untergang

Im Oktober 1932 hat dann Waloschek seine Stelle bei der GEWOG aufgegeben. Er war frühzeitig von der bevorstehenden Enteignung im nationalsozialistischen Deutschland gewarnt worden und hatte eine private Firma als selbstständiger Architekt gegründet, in der Hoffnung somit die Bauten der GEWOG vielleicht weiterführen zu können. Das war natürlich eine Illusion.

Hans Waloschek war aktiver Angehöriger einer sozialdemokratischen Organisation (wahrscheinlich die „Reichsbanner"). Obwohl er eingefleischter Pazifist war, gehörte er doch zu den bewaffneten Mitgliedern und hatte dafür auch einen Revolver erhalten – zur Verteidigung der demokratischen Institutionen. Nur zwei der 30 Mitgliedern seiner Gruppe haben außer ihm das NS-Regime überlebt. Wie er später öfters betont hat, verdankte er dies wahrscheinlich der Tatsache, dass seine Einbürgerung, zu der er schon eine mündliche Zusage erhalten hatte, am 3. Juni 1933 von der Kreishauptmannschaft Dresden abgelehnt wurde, „wegen unsicherer wirtschaftlicher Lage seines im Nov. 1932 gegründeten Geschäfts". Als Österreicher wurde ihm und seiner Familie Mitte 1933 eine halbwegs fluchtartige Übersiedlung (mit allen Möbeln) nach Wien stillschweigend gestattet. Als Deutscher wäre das nicht möglich gewesen.

Vorher wurde er einmal verhaftet und musste durch die Straßen der von ihm gebauten Siedlung Trachau vor Bajonetten her marschieren, allerdings nur in eine Polizeistation. Dort erkannte er unter den SA-Leuten, die ihn angezeigt hatten, einige Bewohner der GEWOG-Häuser, die ihre Miete schon lange nicht bezahlt hatten. Es wurde ihm „semitische Architektur" (gemeint waren die Trachauer Flachdächer) vorgeworfen. Die Polizei war damals noch nicht „gleichgeschaltet" und der Beamte, der Waloschek von früher kannte und ihm gut gesinnt war, nutzte die peinliche Lage der SA-Leute, um ihn mit dem Vorwand seiner Staatsbürgerschaft wieder freizulassen, nicht ohne ihm vorher das in seiner Wohnung beschlagnahmte politische Propagandamaterial zurückzugeben, mit der Bitte, es doch möglichst bald zu vernichten. Ein Kartenspiel mit Hitler als Joker hat er sich zur Erinnerung erbeten.

Anderen Sozialdemokraten ging es wesentlich schlechter. Sie wurden ermordet oder gefoltert und einige sind an den Folgen gestorben, wie zum Beispiel Richard Rösch, der damalige Geschäftsführer der GEWOG. Vielen musste damals zur abenteuerlichen Flucht geholfen werden, sie wurden z.B. mit dem Dienstwagen der GEWOG zur tschechischen Grenze oder zum „untertauchen" nach Berlin gefahren. Man warnte sich gegenseitig per Telefon, wenn die SA oder Polizei anrückte.

Diese Erlebnisse haben eine tiefe Spur in Waloscheks Psyche hinterlassen. Noch Jahrzehnte später brach er oft vor Aufregung mit Schüttelkrämpfen zusammen, wenn ein Gespräch darauf zurückkam, und ganz besonders wenn dies in Diskussionen mit überzeugten Nazis stattfand, was später ja gelegentlich der Fall war. Er hat auch nie wieder Trachau oder die Gegend seiner damaligen Bauten in Sachsen besucht.

Allerdings hat Hans Waloschek bis Ende 1933 noch eine Reihe von Bauten durchgeführt oder geplant. Einige der Häuser in Dresden-Omsewitz, die noch heute existieren, konnte der Historiker Horst R. Rein lokalisieren.

Die Familie Waloschek hatte sich schon im April 1933 von Trachau verabschiedet und war auf einen als sicher betrachteten Bauernhof in Volkersdorf gezogen. Als am 10. Mai 1933 tatsächlich das gesamten Vermögen der SPD, des Reichsbanners, der Gewerkschaften und dazugehörenden Genossenschaften beschlagnahmt wurde, war von der GEWOG als Organisation so gut wie nichts mehr vorhanden. Es waren auch schon alle Bauarbeiten der GEWOG eingestellt worden. Die für Waloscheks neue Firma schon eingebrachten Aufträge wurden storniert, oder die Bauherren waren enteignet oder verschwunden. Darunter war auch eine recht große Siedlung in Löbtau. Der GEWOG-Dienstwagen wurde nun vom Fahrer zerlegt, Bücher wurden vernichtet und der Revolver in die Elbe geworfen. Die beiden Kinder wurden schon Mitte 1933 zu den Großeltern in Wien gebracht.

Nach den Recherchen von Karl-Heinz Löwel wurde die GEWOG ab 3. März 1939 unter dem Namen „Neue Heimat" formell weiter geführt. Diese Organisation hat nach dem Zweiten Weltkrieg die Nachfolge der DEWOG und aller weiterer GEWOG-Gesellschaften wieder übernommen, getrennt in beiden Teilen Deutschlands.

Station in Wien

Als Waloschek im Juli 1933 in Wien eintraf begrüßten sich die meisten seiner alten Freunde nur mehr mit „Heil Hitler". Die Enttäuschung war groß. Seine Warnung, dass Hitler auf einen Krieg zielte, wurde nicht ernst genommen. Er fand auch keine Arbeit und Sohn Peter kränkelte, er musste mehrmals zur Erholung geschickt werden.

Ein guter Bekannter, Ing. Artur Biber (dessen Frau Emma die jüngste Schwester von Waloscheks Schwiegermutter Antonia Stark war), beschäftigte ihn 1935 gelegentlich mit Projekten einiger Apartmenthäuser. Er bekam auch Arbeitslosenunterstützung. Später konnte er für das Werbeunternehmen Dr. Otto Ehrlich einige Arbeiten durchführen, u.a. für OBI-Apfelsaft. Dafür installierte er im Badezimmer der Wohnung der Schwiegereltern ein kleines Labor zur Vergrößerung von Fotos.

Die Lage in Wien erschien ziemlich hoffnungslos und es wurde ans Auswandern gedacht. Mit Politik, Religion und Rasse wollte man in Zukunft keine Probleme mehr haben. Hans und Grete hatten 1927 „konfessionslos" geheiratet und waren vorher aus der Kirche ausgetreten. Eine konfessionslose Familie wäre aber in vielen Auswanderungsländern, wie zum Beispiel in Nord- und Südamerika, als möglicherweise kommunistisch aufgefallen – vor allem wenn sie gerade Deutschland verlassen hatten oder verlassen mussten. Deshalb sind sie im April 1935 wieder in die Kirche eingetreten und haben ihre beiden Kinder katholisch taufen lassen.

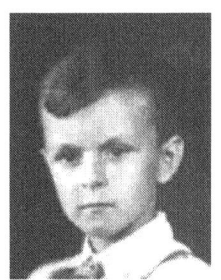

Grete, Hans, Jutta und Peter Waloschek in Wien, 1936

Nach Argentinien

Anfang 1936 kam eine erlösende Postkarte aus Buenos Aires. Sie stammte vom Architekten Willi Ludewig, bei dem Waloschek schon in Berlin gearbeitet hatte. Der Tenor war in etwa: „Kommen Sie sobald es geht, hier gibt es Arbeit für alle!" Es wurde nicht lange gezögert. Schon im September 1936 fuhr Waloschek nach hilfreichen Anweisungen von Willi Ludewig nach Marseille und schiffte sich dort als Tourist in der „Florida" nach Buenos Aires ein. Ein Einreisevisum hätte er damals nicht bekommen. Seine Familie blieb einstweilen in Österreich.

Schon am Tag nach seiner Ankunft in Buenos Aires, übrigens ein Sonntag, konnte Waloschek bei seinem Studienkollege und Freund Raúl Pérez Irigoyen arbeiten. Gewohnt hat er die erste Zeit bei Ludewigs.

Damit begann eine 23 Jahre andauernde Tätigkeit Waloscheks in Argentinien, als selbstständiger Architekt ohne argentinische Zulassung. Meist wurde mit der Ausführung der Bauten eine Firma beauftragt, die selbst einen zugelassenen Ingenieur, Baumeister oder Architekten hatte, der dann die nötigen Unterschriften für die Behörden beisteuerte.

Hans Waloschek hatte in den ersten sechs Monaten schon viel für die Überfahrt seiner Familie gespart. Er und seine Frau hatten sich außerdem Geld von Freunden und vom Bruder seiner Frau, Eduard Stark geborgt. Eduard bekam dafür einen großen Teil der modernen, aus Dresden mitgebrachten Möbel als Sicherheit. Im Mai 1937 ist Grete Waloschek mit den beiden Kindern, mit Hausrat und einigen Möbelstücken in Buenos Aires eingetroffen.

Pérez Irigoyen und Carlos Fromm

Raúl Pérez Irigoyen hatte in Argentinien viele Beziehungen und bekam entsprechend gute Aufträge. Er gewann mit Waloscheks Vorschlägen eine Ausschreibung für die Planung der „Weltausstellung 1937", die im Hafengelände der Stadt Buenos Aires stattfand.

Danach wurde eine Erweiterung des größten Friedhofs der Stadt Buenos Aires übernommen. Dann wurde ein Hotel in der Provinz Córdoba mit dem Namen „El Peñón" geplant und gebaut, und Einfamilienhäuser wie das „Chalet Rizori" und das „Chalet Vehil". In der Hauptstadt der Provinz Córdoba wurde ein Rathaus geplant. Es kam auch zu einer technischen Beratung der Fa. Thyssen-Lametal. Die Zusammenarbeit mit Pérez Irigoyen erstreckte sich bis zum Jahr 1946 und überlagerte sich dabei auch mit anderen Vorhaben Waloscheks.

Im Jahr 1939 begann eine Zusammenarbeit mit dem Architekten Carlos Fromm, der eine Baufirma mit einem Büro im Zentrum der Stadt Buenos Aires hatte, in dem er auch mehrere Zeichner beschäftigte. Es ist anzunehmen, dass Waloschek mit Fromm im Laufe der Jahre unterschiedliche Arbeits- oder sogar Anstellungsversträge hatte. Die Beziehung zwischen den beiden erstreckte sich bis 1952. Waloschek durfte während dieser Zeit auch Aufträge für eigene Kunden betreuen, was er dann allerdings abends und nachts erledigen musste.

Carlos Fromm stand dem katholischen Orden der Benediktiner sehr nahe, war wahrscheinlich Laienbruder, denn er war verheiratet und hatte Kinder. Er half bei der Organisation von Feierlichkeiten und bei Planungsarbeiten des Ordens mit, und bekam auch Aufträge für Baumaßnahmen, wie z.B. den von Waloschek geplanten Weiterbau der Benediktinerkirche „San Benito de Palermo" in Buenos Aires, die noch heute nicht fertig ist.

Ein bedeutender Auftrag war dann die Planung und der Bau einer Kirche in einem Kloster der Benediktinerinnen in Punta Chica, ein Vorort der Stadt Buenos Aires. Bei diesem Vorhaben, das mit sehr viel Detailarbeit verbunden war, hatte Waloschek eine federführende Aufgabe.

Ein recht anspruchsvolles Projekt bei Fromm war die Planung und der Bau einer größeren Fabrik des Stahlunternehmens „Johnson Acero" in Quilmes, südlich von Buenos Aires. Waloschek hat dafür, mit Hilfe des befreundeten Statikers Ingenieur Carlos Laucher, ein nach einer Seite höher geöffnetes Dachgewölbe (mit 24 m Spannweite) aus sehr dünnwändigem Betonbögen entworfen, dessen Schalung durch weiterschieben mehrmals benutzt wurde, bis dann der Hallenteil in ihrer ganzen Länge fertig war. Mehrere solche Hallenteile wurden nebeneinander zu einer Einheit verbunden.

Einen großen Auftrag erhielt Carlos Fromm von der argentinischen Regierung: Eine ganze Siedlung für 20.000 Einwohner, mit allen dazugehörenden Versorgungsgebäuden und Gemeinschaftsräumen wurde für ein Kohlebergwerksgebiet im südlichsten Teil Patagoniens geplant, für das „Yacimiento Río Turbio", etwa 2000 km Fluglinie südlich von Buenos Aires. Aus strategischen Gründen sollte die Kohle nicht in den 20 km entfernten chilenischen Hafen Puerto Natales (am Pazifik) transportiert werden, sondern über eine neugebaute Bahnlinie zum 250 km weiten Rio Gallegos am Atlantik, um dann per Schiff zu den Industriegegenden um Buenos Aires zu gelangen. Die neue Siedlung war ein idealer Auf-

Hans Waloschek 1936 im Hafen von Buenos Aires

Die Stahlfabrik
„Johnson
Acero",
Baufirma:
Carlos Fromm,
Buenos Aires

trag für Waloschek, der seine Erfahrungen und Kenntnisse voll einsetzen konnte. Er hat das Gebiet des Río Turbio selbst besucht und die Planung übernommen.

Anscheinend gab es noch einen zweiten, sehr ähnlichen Auftrag, für eine Siedlung im Süden der Stadt Zapala (Provinz Neuquén), über den aber keine Dokumente erhalten sind. Es soll sich um die Bergwerke „Inca" und „Simita" gehandelt haben und um die dafür nötigen Siedlungsanlagen.

Auch eine Agrarschule mit dem Namen „C. Sanchez" wurde in Waloscheks Büro bei Fromm geplant, und der Bau und die Erweiterung mehrerer Einfamilienhäuser. Größere Industrieprojekte waren u.a. die Erweiterungen der beiden Firmen mit den Namen „Fortalit" und „Condor".

[96]

Die Privatkunden

Etwa 1939 übersiedelte Waloschek mit seiner Familie in den Vorort Martinez, nördlich von Buenos Aires, erst in ein kleines und 1942 in ein größeres Einfamilienhaus, in dem er genügend Platz für ein Atelier hatte. Hier konnte er seine privaten Kunden betreuen. Sohn Peter (der nun Pedro genant wurde) half seit seinem 12. Lebensjahr als begeisterter Zeichner aus. Die Zahl der bis etwa 1959 bearbeiteten Projekte ist recht groß. Zur Vollständigkeit der Dokumentation wird hier als Anhang eine Liste der noch bekannten Projekte wiedergegeben, die sehr wahrscheinlich nicht vollständig ist. Zu den wichtigeren Projekten noch einige Bemerkungen.

Hans Waloschek in Córdoba, 1943

Ein besonders interessantes Projekt war das Chalet mit Atelier für die Malerin und Botanikerin Ilse von Rentzel de Atkinson in San Isidro. Architekt und Eigentümerin haben sich gegenseitig zu immer neuen Ideen und Erweiterungen durchgerungen und es entstand ein sehr reizvolles Gebäude.

Chalet von Frau Ilse von Rentzel de Atkinson, San Isidro (Bs.As.), 1946-48

Ab 1947 hat Waloschek verschiedene Bauvorhaben für den Industriellen Adolfo Faag geplant und durchgeführt. Zuerst den Umbau seines Chalets in Martinez, dann den Bau einer Luxusvilla in Mar del Plata (am Cabo Corrientes, direkt am Atlantik) und schließlich die Erweiterung seiner Papierfabrik „COPACA" in Buenos Aires. Diese Arbeiten haben sich bis 1958 erstreckt.

Eine sehr interessante Zusammenarbeit entwickelte sich mit Carlos Spörk, der eine eigene Baufirma hatte und Waloschek als Projektleiter selbst auf den Bauschildern nannte. Wichtigstes Projekt wurde die Essigfabrik Hüser in Buenos Aires, die auch heute noch in perfektem Zustand erhalten ist.

Etwa 1950 stellte sich heraus, dass

[97]

Luxusvilla des Industriellen Adolfo Faag in
Mar del Plata (Bs.As.), am Atlantischen
Ozean 1956/57

Essigfabrik Hüser, Buenos Aires, Baufirma
Carlos Spörk, Projekt Hans Waloschek,
1949

[98]

Sohn Peter zwar das Ingenieurstudium begonnen hatte, um später mit dem Vater zusammenzuarbeiten, nun aber das gleichzeitig betriebene Physikstudium bevorzugte und in die Forschung gehen wollte. Einerseits mit Enttäuschung, aber auch mit etwas Stolz über den Sohn, hat Hans Waloschek die neue Lage hingenommen.

Ab 1952 hatte Waloschek ein eigenes Stadtbüro, in dem er auch einen Zeichner, den Herrn Martin Raschkes beschäftigte. 1953 hat sich Waloschek bei einen Unfall am Bau ein Bein kompliziert gebrochen. Davon blieb ihm für den Rest seines Leben ein steifes und gelegentlich schmerzendes Knie. Peter nahm sich Urlaub (er hatte schon eine Stelle), schob einige Prüfungen auf und erledigte für ihn die Baubesuche.

Mit einer gewissen Genugtuung beobachtete Waloschek wie im Jahr 1954 seine beiden Kinder Jutta und Peter eine akademische Ausbildung abschließen konnten. Jutta hatte nach Beendigung der Kunstschule in Buenos Aires den Titel „Magister" in Malerei an der Akademie der Bildenden Künste am Schillerplatz in Wien erhalten und Peter zuerst das Diplom und dann den Doktor in Physik an der Universität Buenos Aires.

Buenos Aires – Ende

Im Dezember 1954 hat Peter eine längere Studienreise nach Europa angetreten. Als zukünftiger Partner schied er also endgültig aus. 1955 hat Tochter Jutta den Ingenieur Frank Memelsdorff geheiratet, der in Argentinien studiert hatte und auch für Bauten unterschriftsberechtigt war. Er hat dies auch für Hans Waloschek übernommen. Das junge Paar hat mit etwas Hilfe von Hans ein sehr schönes Chalet in San Isidro entworfen und gebaut.

Im Jahr 1957 hat sich die Auftragslage in Buenos Aires wesentlich verschlechtert. Mangelhafte Zahlungsmoral der Kunden und eine zunehmende Inflation machten Waloschek das Leben schwer. Es wurde über eine Rückkehr nach Europa nachgedacht. Vorsorglich wurde im September 1957 beim Bundesministerium für Unterricht in Wien eine Bestätigung der Berechtigung zur Führung der Standesbezeichnung „Ingenieur" angefordert und erhalten, da anscheinend frühere Dokumente darüber nicht mehr auffindbar waren.

Waloscheks Frau Grete mit Tochter Jutta und Enkelchen Felix fuhren Mitte 1958 auf etwa zwei Monate nach Wien. Neben Familienbesuchen hat sich Grete damals auch um die aus früherer Zeit entstandenen Ansprüche auf eine Rente in Österreich und in Deutschland für sich und für ihren Mann erkundigt. In Argentinien waren die eingezahlten Beiträge aufgrund der Inflation so gut wie wertlos geworden.

In Kenntnis all dieser Probleme hatte Freund Ernst Bodien, damals Vorsitzender des „Verbandes Berliner Wohnungsbaugenossenschaften und -gesellschaften", schon vorgeschlagen, dass es für Hans am vorteilhaftesten wäre, noch einige Jahre in Deutschland zu arbeiten, um Anspruch auf eine deutsche Rente zu erhalten. Die „Neue Heimat", als Nachfolgerin der GEWOG, wäre eine geeignete Stelle dafür, und Bodien hat sich angeboten, das dafür Nötige einzuleiten. Deshalb nahm Grete bei ihrer Reise auch Kontakt mit Bodien und mit anderen Freunden aus der Dresdner Zeit auf.

Neue Heimat Hamburg

Im Juni 1959 kam das Ehepaar Waloschek mit der „Claude Bernard" über Le Havre nach Hamburg. Im Prinzip sollte es eine Erkundugsreise von etwa drei Monaten sein. In Hinblick auf eine Rückkehr nach Argentinien wurde das in Martinez gemietete Haus noch behalten. Dort blieben ja auch alle Möbel und die meisten Arbeitsunterlagen.

Aber in Hamburg wurde Waloschek tatsächlich auf Empfehlung von Ernst Bodien bei der Neuen Heimat in Hamburg erst vorübergehend und später auf Dauer eingestellt. Erst bearbeitete er einige Sonderprojekte. Aber dann gestaltete sich die Arbeit recht mühsam. Waloschek wurde einem Team zugeordnet, das ein Projekt für Wohnhäuser aus vorgefertigten Elementen ausarbeiten sollte. Die Leitung hatte ein anderer Architekt und Waloschek hatte dabei wohl auch andere Vorstellungen. Er war gewöhnt, seine eigenen Ideen zu realisieren, und nicht nach Anweisung anderer zu arbeiten. Das Projekt wurde aber bald ganz abgeblasen.

Perú – Taraco

Die „Organsation International de Travail" (OIT) in Genf, in Verbindung mit dem Deutschen Gewerkschaftsbund (DGB), suchte damals kompetente Entwicklungshelfer. Die Neuen Heimat unterstützte mehrere dieser Initiativen, so auch den zweiten Bauabschnitt einer Stiftung des DGB, das Berufsausbildungszentrum „Taraco" in den peruanischen Anden, in der Nähe des Titicaca-Sees.

Auf Grund seiner Erfahrung, seiner Kenntnisse Südamerikas und der Sprache, war Waloschek für das Taraco Projekt besonders geeignet. Es wurde ihm vorgeschlagen die Betreuung zu übernehmen und er hat zugestimmt. Er durfte auch seine Frau als „Berichterstatterin" mitnehmen, für die er allerdings die Reisekosten selbst bezahlen musste. Im Juli 1962 ist das Ehepaar Waloschek über Genf und Santiago de Chile nach Lima geflogen und wurde

Das Ausbildungszentrum Taraco, Panorama-Photomontage H. Waloschek, 1963

Eingang zum Ausbildungszentrum

Bauarbeiten in Taraco, mit selbst
angefertigten Hilfsmitteln

Ausbildungszentrum Taraco (Perú),
Einrichtungen vom Deutschen
Gewerkschaftsbund

dort von einem Staatssekretär empfangen. Im November 1962 sind sie dann
nach Puno am Titicaca-See (im Süden Perús, 3850 m.ü.M.) übersiedelt. Von
dort aus sollte der Bau mehrerer Gebäude im 90 km entfernten Taraco geleitet werden. Später sind die Waloscheks nach Juliaca übersiedelt, das nur 30
km von Taraco entfernt war. Allerdings musste man für die kurze Strecke
eine Schotterstraße benutzen, die eine 4200 m.ü.M. gelegene Hochebene
überquerte. Waloschek wurde dafür erst ein Jeep mit Fahrer und später ein
Citroen 2cv (Ente) zur Verfügung gestellt.

Das Berufsausbildungszentrum in Taraco bestand aus mehreren speziali-

sierten Werkstätten, Wohnhäusern für Lehrer und Schüler und (im Endaus-
bau) einer Sanitätsstation. Es handelte sich um staatlich anerkannte
Handwerkerschulen für junge Indios, die dort zwei Jahre unentgeltlich beher-
bergt und ausgebildet wurden.

Waloschek konzentrierte seine Tätigkeit besonders auf das Anlernen der
lokalen Arbeitskräfte (im wesentlichen Indianer verschiedener Völkergruppen)
zum Bau und auch zur Herstellung von Baumaterialien, sowohl nach modernen, wie auch nach den dort traditionellen Methoden, die zum großen Teil in
Vergessenheit geraten waren. Neben dem Einsatz von Beton und aus Beton
vorfabrizierten Teilen wurde also auch mit den altbewährten ungebrannten
Lehmziegeln gearbeitet.

Neben seiner Arbeit in Taraco wurde Waloschek mehrmals zur Beratung
bei ähnlichen Projekten in Perú herangezogen. Dabei bestanden enge Kontakte zu US-Amerikanischen und Europäischen Gewerkschaften und Genossenschaften. Am 20. Dezember 1963 hat Waloschek die Gebäude des Taraco-
Zentrums an die zuständigen Behörden übergeben und ist kurz danach wieder in Europa eingetroffen.

Brasilien – Pindorama

In Hamburg hat Hans Waloschek die Betreuung eines weiteren Entwicklungs-
programms der Neuen Heimat übernommen, und zwar die Erweiterung der
Anlagen der Siedlungsgenossenschaft „Pindorama" im Nordosten Brasiliens,
in der damals schon 6000 Menschen auf einer Fläche von 34.000 ha arbeiteten. Es sollte neben mehreren spezialisierten Werkstätten auch ein Kranken-

Aus einem Prospekt der „Weltweiten
Partnerschaft e.V.", Bonn, die u.a. die
Unterstützung für die
„Siedlungsgenossenschaft Pindorama"
(Brasilien) vermittelte

[102]

haus, 150 Wohnhäuser, Schulen und ein Einkaufszentrum gebaut werden, für die später erwarteten etwa 12.000 Einwohner. Eine detaillierte Planung der verschiedenen Vorhaben und des Bedarfs an Materialien und Einrichtungen wurden von Waloschek in Hamburg 1963 und 1964 erstellt. Auf Grund des extrem tropischen Klimas in der Pindorama-Gegend, musste er auf eine Leitung der Arbeiten vor Ort aus gesundheitlichen Gründen verzichten.

Im März/April 1965 hat Waloschek (diesmal ohne seiner Frau) eine Reise nach Südamerika für die Neue Heimat unternommen und dabei Lima, Santiago de Chile, Buenos Aires, und schließlich auch Pindorama besucht, wo er sich mit dem DGB-Vorsitzenden Willi Richter zu einer Besichtigung der Anlage traf. Dieses Treffen wurde vom Vorstandsmitglied der Neuen Heimat Albert Vietor persönlich veranlasst.

Bei Waloscheks damaligen Besuch in Perú konnte er feststellen, das die für die Krankenstation des Ausbildungszentrums Taraco bestimmten Röntgeneinrichtungen zwar in Lima angekommen waren und vom Zoll abgefertigt wurden, jedoch auf dem Weg nach Taraco spurlos verschwunden sind.

In einer weiteren Reise hat Waloschek die neu erbaute Stadt Brasilia, die Brasiliens Hauptstadt werden sollte, besucht. Seine Beobachtungen wurden in einem ausführlichen Bericht niedergeschrieben.

Rentner

Etwa 1965 wurde Waloschek ein Ruhegehalt der Neuen Heimat zugesprochen. Er hat sich dabei verpflichtet, keinerlei private Architektur- oder Bautätigkeit mehr auszuüben, die mit der Neuen Heimat irgendwie in Konkurrenz stehen könnte. Anscheinend bekam er damals auch eine Entschädigung als „politisch Verfolgter" und es wurde ihm die Zeit nach seiner GEWOG-Tätigkeit als „gearbeitet" angerechnet.

Das Ehepaar Waloschek pendelte nun zwischen ihren beiden Wohnungen in Wien und Hamburg hin und her. Hans bevorzugte die Hamburger Umgebung, Grete die Wiener. Am 28. Oktober 1985 ist Hans Waloschek in Wien friedlich in den Armen seiner Frau eingeschlafen. Sie hat ihn noch fast sieben Jahre überlebt und starb (auch in Wien) am 5. Mai 1992.

Hans und Grete Waloschek, Hamburg,1980

Liste der Tätigkeiten und Bauvorhaben
des Architekten Hans Waloschek

1899	in Wien geboren
1913-1916	**Maurerlehre** und **Gewebeschule** Wien
1917-1925	Nebentätigkeiten, kulturelle Interessen
1918	Mitarbeit bei Prof. Carl **Seidl** (Wien)
1919	Mitarbeit bei Arch. Georg **Karau** (Wien), Wohnhäuser
1919	**„Reifezeugnis" der Staatsgewebeschule**, Baufachschule
1920	Mitarbeit bei Ing. Alfred **Paats** (Leipzig), Sportstadion
1922-1924	Österreichischer Siedlerverband, **bei Dr. Otto Neurath**
1923-1926	Vorlesungen **Techn. Hochschule Wien** und Kunsthochschule
1923-1925	Einfamilienhaus für **Willi Waloschek** in Wien
1924-1926	Bauten der Siedlerbewegung in Wien
1926	**Studienreise** Holland/Deutschland
1927-1928	Angestellt im Atelier des Architekten **Willi Ludewig** in Berlin
1928-1932	**für die DEWOG/GEWOG in Dresden:**
	- Siedlungshäuser **„Sonnenlehne"**, Schützenhofstr. in Trachau
	- Teile der **Großsiedlung Dresden-Trachau**
	- **Volkshaus Riesa**
	- **Wohnblock am Volkshaus Riesa**
	- Erweiterung **Spar+Baugenossenschaft** Riesa-Gröba, Stein-Str.
	- Erweiterung **Städtischer Wohnungsbau** Riesa, H.Heine-Str.
	- Mehrfamilienhaus in **Freiburg**
	- Siedlung Dresden-**Wölfnitz**
	- Siedlung „Kriegerheimstättenvereins" in Dresden-**Coschütz**
	- Wohnblocks in **Meißen-Bohnitzsch**, Grossenheiner Str.
1932-1933	**als selbstständiger Architekt in Dresden:**
	- Planung Einfamilienhaus Dr. Kurt **Schäfer** in Prohlis
	- Zweifamilienhaus **Walter Linke** in Omsewitz
	- Einfamilienhaus **Arthur Linke** in Omsewitz
	- Einfamilienhaus **Rudolf Linke** in Omsewitz
	- Wohnhaus Rudolf **Klotzsch** in Omsewitz
	- Umbau von Büros in eine Wohnung, **Volkshaus Dresden**
	- Planung Sechsfamilienhaus **Herr Schwalbe** in Coschütz
	- Haus in Freiberg, **Moritz-Braun-Str.** (Baufoto)
	- Planung von Wohnungen der **Deutschen Werkstätten** Hellerau
	- Planung für den **Siedlerverein Löbtau**
1933-1936	in Wien, Wohnhäuser für **Ing. Artur Biber**
1936-1946	in Argentinien, mit Arch. **Pérez Irigoyen:**
	- 1936: Planung **Weltausstellung 1937** Buenos Aires
	- Umbauten **Zentralfriedhof** Stadt Buenos Aires
	- **Hotel „El Peñón"** in Córdoba
	- Chalet **Rizori**
	- Chalet **Vehil**
	- Planung **Rathaus** in Córdoba
	- Bauberatung der **Fa. Thyssen-Lametal**

1938-1941	Chalet **Delipetar**
1939	Chalet **Eeroms**
1939	Chalet **Machiavello**
1939	Chalet **Spandri**
1939	Chalet **Etcheto**
1939-1952	bei Fa. **Carlos Fromm**:
	- mehrere **Chalets**
	- Erweiterung der Fabrik „**Fortalit**"
	- Erweiterung der Firma „**Condor**"
	- **Kirche „San Benito de Palermo"** in Buenos Aires
	- neue Kirche des Benediktinerklosters „**Punta Chica**"
	- Siedlung „**Yacimiento Río Turbio**" in Patagonien
	- Siedlung Bergwerke „**Simita**" und „**Inca**" in Zapala (Neuquén)
	- Agrarschule „**C. Sanchez**"
	- Stahlfabrik „**Johnson Acero**" in Quilmes (Bs.As.)
1940	kleinere Aufträge von **Willi Ludewig**
1946-1950	Chalet **Enderle**
1946-1952	Umbau Chalet Kurt **Flintsch** in Martinez (Bs.As.)
1946-1948	Chalet Ilse von Rentzel de **Atkinson**
1946-1949	**Essigfabrik Hüser** von Carlos Spörk
1947	Umbau Chalet Adolfo **Faag** Martinez (Bs.As.)
1947	Projekt W. **Reinke**
1949	mehrere Chalets für Baufirma Juan **Weinstein**
1950	Wochenendhaus A. **Rendina** in Las Barrancas (Bs.As.)
1950	Chalet E. **Imholt,** Martinez (Bs.As.)
1951	Umbau Chalet Dr. H. **Rastalski** in Beccar (Bs.As.)
1952	Planung Wohn- und Geschäftshäuser „El Bolsón" von N. **Thesz**.
1953	Chalet Ing. W. **Scheib** in Martinez (Bs.As.)
1953	Chalet Leopoldo **Karpeles** in Vicente Lopez (Bs.As.)
1953	Chalet Dr. Cesar **Cardini** in La Lucila (Bs.As.)
1954	Erweiterung Chalet Dr. Roberto **Meyer** in San Isidro (Bs.As.)
1954	Planung Glasfabrik „**Duralit**" in Sao Paulo (Brasilien)
1955-1957	Luxusvilla Adolfo **Faag** Mar del Plata (Bs.As.)
1955?	Kino „**Hurlingham**" (1600 Sitzplätze) von Carlos Spörk
1955?	Chalet Eduardo **Alemann** y Sra. in Martinez (Bs.As.)
1956	Chalet Familie **Memelsdorff** in San Isidro (Bs.As.)
1956	Erweiterung Papierfabrik **COPACA** von A. Faag Buenos Aires
1956?	Chalet Francisco **Tyran**
1956?	Chalet Ing. L. **Spiegler**
1956?	Erweiterung Fabriksanlage **Hulytego** in Munro (Bs.As.)
1959	Planung Chalet Julio **Metsch**
1959	Planung Chalet Gertrudis de **Holler**
1958-1965	Angestellt bei der **Neuen Heimat** Hamburg
1962-1963	Für DGB und BIT: **Ausbildungszentrum Taraco** (Perú)
1963-1964	Für DGB und BIT: Erweiterung **Siedlung Pindorama** (Brasilien)
1965-1985	Rentner der Neuen Heimat
1985	in Wien gestorben

Aus dem Nachlass des Architekten

Archivbilder

Liste der Abbildungen:

1   Die Gesellschafter der „Volkshaus Riesa G.m.b.H." (auch auf S. 12 der Festschrift kleiner abgebildet).

2   Eine Gruppe Menschen vor der Baugrube (Grundsteinlegung?).

3   Grundsteinlegung. Waloschek steht unmittelbar hinter dem Redner und scheint einen Plan zu erläutern. Auch in der Festschr. auf S.6.

4   Grundsteinlegung.

5   Grundsteinlegung. Architekt Waloschek lehnt an der Leiter.

6   Grundsteinlegung. Architekt Waloschek lehnt an der Leiter. Die Bilder # 5 und # 6 sind mit dem in der Festschr. S. 6 nicht identisch.

7   Das für die Werbung ausgesuchte Foto des Volkshauses.

8   Gesamtansicht nach dem ersten Bauabschnitt (S. 15 der Festschr.).

9   Blick von der Ecke zur John-Str., nach dem zweiten Bauabschnitt.

10   Frontansicht mit dem Auto des Architekten.

11   Gesamtansicht nach dem zweiten Bauabschnitt.

12   Überblick aus dem damals gegenüberliegenden Holzlager.

13   Perpektive der von der GEWOG vorgeschlagenen Neugestaltung der Gegend zwischen Bahnhof und Volkshaus (im Hintergrund sichtbar) in Riesa.

14   Der entsprechende Bebauungsvorschlag mit Datum 10. Dez. 1930. Links unten kann man die Umrisse des damals schon fertiggestellten Volkshauses und des angegliederten Wohnblocks erkennen.

Bemerkung: Das Vokshaus Riesa konnte nur knapp 3 Jahre von seinen Planern und Erbauern genutzt werden. Es wurde 1933 von den Nationalsozialisten enteignet. Nach dem Krieg wurde es als Kaserne für sowjetische Soldaten benutzt. Aus all diesen Perioden sind dem Herausgeber keine Dokumente, Angaben über Ereignisse oder Bilder bekannt. Es ist bis jetzt auch nicht gelungen, die Personen in den hier gezeigten Bildern (außer Hans Waloschek) zu identifizeren. Jeder Hinweis oder Information ist willkommen und wir bitten um Mitteilung an den Herausgeber (s. Impressum).

Bild # 1: Die Gesellschafter der „Volkshaus Riesa G.m.b.H." (auch auf S. 12 der Festschrift abgebildet).

Bild # 2: Eine Gruppe Menschen vor der Baugrube (Grundsteinlegung?).

[108]

Bild # 3: Grundsteinlegung. Waloschek steht unmittelbar hinter dem Redner und scheint einen Plan zu erläutern.

Bild # 4: Grundsteinlegung.

Bild # 5: Grundsteinlegung. Architekt Waloschek lehnt an der Leiter.

Bild # 6: Grundsteinlegung. Architekt Waloschek lehnt an der Leiter.

Bild # 7: Das für die Werbung 1930 ausgesuchte Foto des Volkshauses.

Bild # 8: Gesamtansicht nach dem ersten Bauabschnitt (S. 15 der Festschr.).

Bild # 9: Blick von der Ecke zur John-Straße, nach dem zweiten Bauabschnitt.

Bild # 10: Frontansicht nach dem zweiten Bauabschnitt. Vor dem Eingang, das damalige Auto des Architekten.

Bild # 11: Gesamtansicht nach dem zweiten Bauabschnitt.

Bild # 12: Überblick Volkshaus und Wohnblock, aus dem damals gegenüberliegenden Holzlager.

Bild # 13: Perpektive der von der GEWOG vorgeschlagenen Neugestaltung der Gegend zwischen Bahnhof und Volkshaus (im Hintergrund sichtbar) in Riesa.

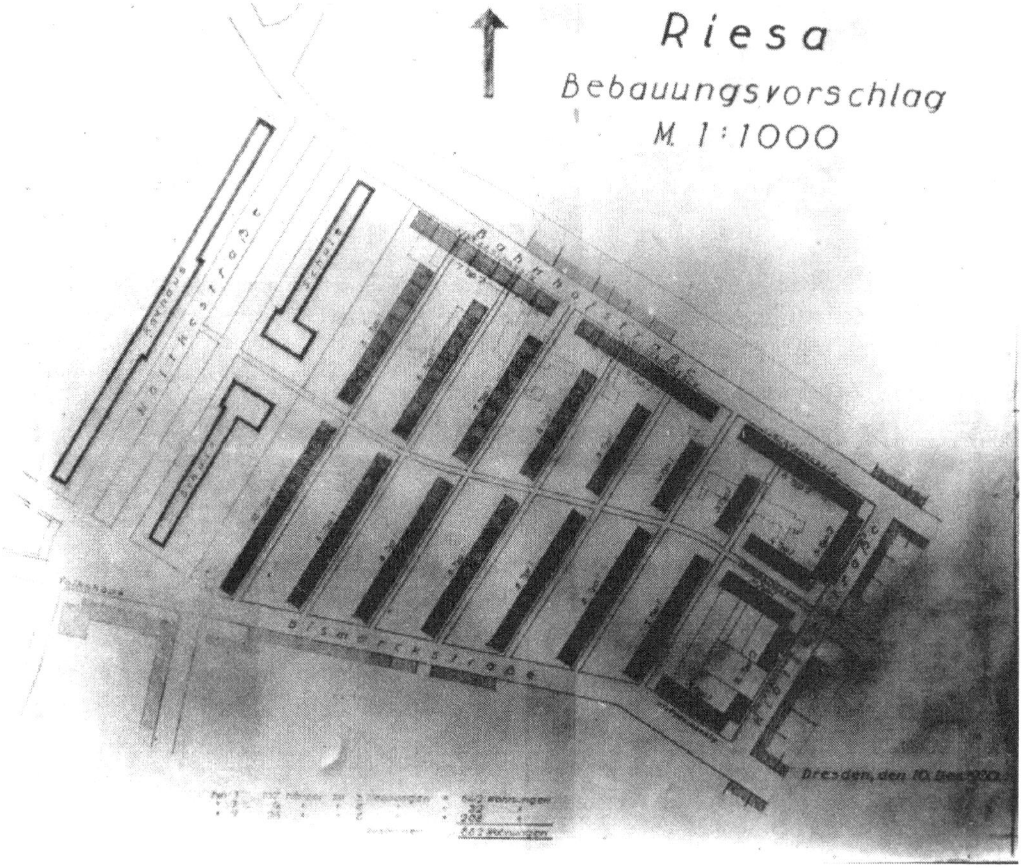

Riesa
Bebauungsvorschlag
M 1:1000

Bild # 14: Der Bebauungsvorschlag, Datum 10. Dez. 1930. Links unten kann man die Umrisse des damals schon fertiggestellten Volkshauses und des angegliederten Wohnblocks erkennen.

Brief von Alfred Kiß an Hans Waloschek (1941)

Alfred Kiß (hier Kiss), 1930 Geschäftsführer der „Volkshaus Riesa G.M.b.H.", war mit dem Architekten Hans Waloschek und seiner Familie gut befreundet. Der vorliegende Brief wurde an Waloscheks Adresse in Buenos Aires geschickt (s. Bem. S. 119).

34,Egerton Road,Bristol 7,England.
2.1.1941.

Lieber Hans!

    Zunächst möchte ich Dir,Deiner lieben Frau und den Kindern meine herzlichsten Glückwünsche zum neuen Jahre übermitteln. Hoffen wir gemeinschaftlich,dass wir in diesem Jahre endlich den Zusammenbruch des nationalsozialistischen Regimes erleben und damit wieder langsam aber sicher in eine Periode des Friedens,des Wohlergehens und vor allen Dingen eines besseren Verstehens zwischen den Völkern gelangen werden.
    Ich schrieb Dir in zwei Briefen vom Camp aus,dass ich durch einen netten Zufall Deinen Schwager kennen lernte und so zu Deiner Adresse kam. Wir wurden interniert. Eines Tages unterhielten wir uns über Deutschland und als Dein Schwager den Namen Riesa hörte frug er mich, ob ich das Volkshaus kenne,welches sein Schwager baute. Du kannst Dir vorstellen,dass er erstaunt war als ich ihm mitteilte,dass ich ja der Geschäftsführer der Gesellschaft war und wir zusammen die Sache machten. Ich habe mich wirklich sehr gefreut nach 7 Jahren wieder ein Lebenszeichen von Dir zu bekommen und freute mich noch mehr als ich aus den Bildern ersehen konnte,dass es Euch doch wohl gut geht. Deine Kinder sind ja schon ziemlich gross und haben sich sehr gut gemacht. Ich wünschte nur,dass wir uns im weiteren Leben noch einmal alle sehen könnten.
    Nun einiges aus meinem Leben der vergangenen Jahre. Ich lebte,wie Du ja weisst in Carlsbad. Als im Jahre 1938 die sudetendeutschen Gebiete abgetreten werden mussten,verliess ich,wie viele Hunderte unserer Freunde,die Stadt und ging nach Prag. Das Leben in Prag war nicht angenehm. Alle Menschen war sehr niedergeschlagen über die Ereignisse und die nicht erwartete Entwicklung und ausserdem kamen ununterbrochen neue Flüchtlinge an. Schliesslich wurde bekannt,dass Hitler die Auslieferung der politischen Flüchtlinge verlangte und deswegen versuchte man uns in andere Länder zu bringen. Ich bekam ein Visa für England und flog über Paris nach London. Hier war es sehr schön bis durch den Zusammenbruch Frankreichs,bei dem meiner Ansicht nach auch der Verrat eine beachtliche Rolle spielte,eine ungünstige Wendung eintrat. Und so kam es zu der Internierung. Erfreulicherweise sind aber fast alle unserer engeren Parteifreunde wieder entlassen worden. Allerdings ist mir nicht bekannt,ob auch Dein Schwager frei ist. Ich bin aber überzeugt, dass er auch bald herauskommen wird.
    Wir sind ungefaähr 100 Sozialdemokraten in England. Darunter Weckel, Arzt,Geiser,Sander u.s.w. Finsterbusch,Edel u.s.w. sind in Schweden. Viele gingen auch nach Bolivien z.B. Efferoth u.s.w. Unsere Freunde sind also sehr zerstreut und leben heute verteilt in 23 Ländern. Es waren schwere und harte Jahre,die hinter uns liegen und oft schien es, dass wir nahe daran waren die Nerven zu verlieren. Aber die Hoffnung und die Gewissheit,die wir alle hegten,dass die Hitlerei doch einmal zu Ende geht,und dass wir dann mit dazu berufen sein werden etwas Neues aufzubauen und vor allen Dingen um den preussischen Militarismus ein für allemal zu vernichten,hat uns aufrechterhalten. Und ich glaube es war gut so. Ich bin noch nie in all diesen schweren Jahren so sicher und so überzeugt gewesen,dass wir vor dem Ende der Hitlerei stehen als gerade jetzt. Endlich hat Hitler den Höhepunkt überschritten und alles

wendet sich jetzt zu seinen Ungunsten. Insofern bin ich Optimist aber
ich sehe sehr schwarz über das was nachdem kommen soll. Wer soll es
übernehmen wieder Ordnung hineinzubringen. Es ist überhaupt nicht zu
schildern wie entsetzlich das Unglück ist,welches die Nazis über Hun-
derte von Millionen von Menschen gebracht haben. Alles ist durcheinan-
der gebracht worden. Alle Kulturwerte wurden zerstört und es scheint
beinahe unmöglich all die verbrecherischen Instinkte zu vernichten die
die Nazis bewusst hervorgerufen haben,insbesondere bei den jungen Deut
schen. Aber es nützt alles nichts wir müssen auch noch durch diese
schwere Nachkriegsperiode hindurch und je eher wir mit dieser Arbeit
beginnen können umso besser.

Und nun wie ist es Euch in all den langen Jahren ergangen? Ich hör-
te,dass Du unbegreiflich viel Glück gehabt hast und sozusagen gleich
eine gute Position gefunden hast. Viele meiner Freunde sind nach Argentinien gegangen,doch habe ich alle Verbindungen verloren. Vielleicht
hast Du auch durch Zufall Leute getroffen. Dein Schwager hat es sehr
bereut,dass er von Deinem Angebot keinen Gebrauch machte. Heute wäre
er natürlich froh,wenn er nach Argentinien reisen könnte. Er ist im
Lager immer fröhlich und lustig gewesen und hat die Sache so hingenommen wie sie eben war. Es war nicht besonders schön es war aber auch
nicht umsonst. Ich bin jedenfalls um viele Erfahrungen reicher und habe allerhand Freundschaften geschlossen,die mir später sehr nützlich
sein können.

Meine Familie ist in Deutschland,doch weiss ich nicht wer noch lebt
oder nicht,da ich überhaupt keine Verbindung habe. In dieser Hinsicht
kann man also noch die unangenehmsten Überraschungen erleben.

Ich würde mich natürlich sehr freuen,wenn ich bald einmal von Dir
etwas hören würde. Leider kann ich nicht per Luftpost schreiben,denn
es ist zu teuer. Hast Du die beiden Briefe aus Huyton bekommen. Ich
lebe jetzt wieder in Bristol bei sehr netten englischen Freunden. Es
gefällt mir sehr gut hier,obwohl natürlich,wie Du ja weisst,Bristol
auch sozusagen an der Front liegt. Aber bis jetzt hatte ich Glück und
ich hoffe es wird auch künftig so sein. Wer das selbst nicht gesehen
hat,hat keine Ahnung wie rücksichtslos und brutal die Nazis sind. Ich
fürchte allerdings,dass sie eines Tages,wenn ihre letzten Stunden kommen werden,in ihrer Verzweiflung noch viel schlimmere Untaten oder Ver-
brechen begehen werden.

Also lieber Hans lass bald etwas hören. Grüsse Deine Frau und die
Kinder aufs herzlichste von mir und sei Du selbst ebenfalls aufs herzlichste gegrüsst. Wir halten hier den Kopf hoch bis zum letzten Moment.
Dann werden wir uns vielleicht wieder einmal besuchen können. Nach Riesa werde ich nicht mehr gehen,es würde mich auch nicht reizen den beab-
sichtigen grossen Saal zum Volkshaus zu bauen,denn es wird viel wichtig-
ere und grössere Aufgaben für uns geben.

Allerherzlichst

Euer

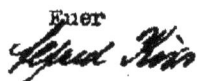

Bem. des Hrsg.: Der in diesem Brief erwähnte „Schwager" war Eduard Stark (Bruder
von Grete Waloschek), der aus politischen Gründen noch vor Kriegsanfang von Wien
nach England emigriert ist. Im Juni 1940 kam er als Deutschösterreicher in das
„Internment Camp Huyton" (nahe Liverpool) und traf dort Alfred Kiß.

Die von Kiß erwähnten „Briefe aus dem Camp" (vom 5. und 10.11.1940) sind auch
erhalten geblieben. Sie enthalten aber wenig zusätzliche Information, wie z.B. das
Datum der Flucht von Kiß aus Karlsbad nach Prag (Sept.1938), und das der Ankunft
in England (8.12.1938). Eine Antwort auf diese beiden Briefe ist offensichtlich bei Kiß
nie angekommen. Ein Beleg für eine Antwort Waloscheks auf den vorliegenden Brief
wurde nicht gefunden.